Pasaje al Espíritu

OTROS LIBROS POR JOHN-ROGER, D.C.E.

Abundancia y Conciencia Superior
Amando Cada Día
Amando Cada Día para los que Hacen la Paz
Baraka
Caminando con el Señor
¿Cómo se Siente ser Tú? (con Paul Kaye)
¿Cuándo Regresas a Casa? (con Pauli Sanderson)
Dios es tu Socio
Drogas
El Alucinante Viaje Espiritual (edición ampliada del libro Drogas)
El Camino de Salida
El Camino de Un Alma
El Cristo Interno y los Discípulos del Cristo
El Descanso Pleno (con Paul Kaye)
El Guerrero Espiritual
El Sendero a la Maestría
El Sexo, el Espíritu y Tú
El Tao del Espíritu
Esencia Divina (edición ampliada del libro Baraka)
La Conciencia del Alma
La Familia Espiritual
La Fuente de Tu Poder
La Promesa Espiritual
Los Mundos Internos de la Meditación
Manual para el Uso de la Luz
Momentum: Dejar que el Amor Guíe (con Paul Kaye)
Perdonar: La Llave del Reino
Posesiones, Proyecciones y Entidades
Protección Psíquica (edición ampliada del libro Posesiones, Proyecciones y Entidades)
Sabiduría Sin Tiempo
Servir y Dar: Portales a la Conciencia Superior (con Paul Kaye)
Viajes Durante los Sueños (Reedición ampliada)
Viviendo los Pricipios Espirituales de Salud y Bienestar (con Paul Kaye)

Para más información, contactarse con el
Movimiento del Sendero Interno del Alma
MSIA
P.O. Box 513935,
Los Angeles, CA. 90051-1935 – EE.UU.
Teléfono: (323) 737-4055 en EE.UU.
pedidos@msia.org
www.msia.org

Pasaje al Espíritu

John-Roger

Editado por Rick Edelstein-Matisse

© Copyright 1991, 2011
por
Peace Theological Seminary
& College of Philosophy®

Presente edición revisada por
Mónica Valenzuela y María José Marañón
Corrección por Jorge Augusto Villa
Coordinación y revisión final por Nora Valenzuela

Todos los derechos reservados, inclusive el derecho de reproducción total y/o parcial por cualquier medio.

Mandeville Press
P.O. Box 513935
Los Angeles, CA 90051-1935 (EE.UU.)
Teléfono: (323) 737-4055 (EE.UU.)
jrbooks@mandevillepress.org
www.mandevillepress.org

Impreso en los Estados Unidos de Norteamérica

I.S.B.N. 978-1-935492-74-0

Dedicatoria

De tanto en tanto, se presenta alguien que es una inspiración. Con frecuencia, se trata de algo que esa persona ha hecho, que ha aportado o, incluso, algo que va a hacer más adelante. Obviamente, la persona a la que me refiero cae dentro de estas categorías.

Y, además, existen esas personas únicas, que aportan algo especial simplemente por ser quienes son. Tengo el inmenso placer de dedicar este libro a ese ser especial. No es fácil encontrar las palabras para expresar la gratitud de un corazón entregado a otro. Aunque tal vez sea suficiente con decir simplemente: "Gracias".

A John Morton

Índice

Introducción 1

¿Por Qué Estamos Aquí? (Si Es Que Estamos) 3

El Proceso de Encarnar 6

¿Existe Algo Más Abajo del Reino Físico? 8

    Las Entidades 11

El Ser Básico, el Ser Consciente y el Ser Superior 15

¿Predestinación o Libre Elección? 23

Por Encima del Reino del Alma 26

El Reino del Alma 27

El Reino Etérico 31

El Reino Mental 35

El Reino Causal 40

    ¿Son Válidos los Sentimientos? 41

    El Retraerte Te Frena 44

El Reino Astral 46

El Reino Físico 52

La Conciencia del Viajero Místico 54

Los Ejercicios Espirituales 60

La Corriente del Sonido 64

La Liberación Espiritual 69

Los Colores de Los Reinos 73

Cómo Entonar tu Tono 74

La Jerarquía Espiritual 76

    La Frecuencia Armónica del Espíritu 79

    La Escuela del Rechazo 81

    Los Nueve Aspectos del Planeta Tierra 83

    Los Tres Maestros 84

    La Palabra Mágica 86

El Servicio 88

Llama al Recolector de Basura 92

El Señor del Reino Físico 94

¿Es Necesario Este Viaje? 99

¿Terminan Algún Día Las Lecciones Kármicas? 102

La Iniciación 105

La Luz 110

De Adentro Hacia Afuera 116

    En Busca de Seguridad 120

    Información o Lección 122

    Verifica Todo 124

Uso o Abuso de la Energía 128

¿Dónde Está Dios? 132

¿Es el Amor Un Concepto o Una Acción? 137

    ¿Quién Está Cuidando la Tienda? 139

Elige al Mí en Ti 142

Gráfico de los Reinos 146

Ilustración de los Reinos 147

Glosario 149

Recursos y Materiales de Estudio 157

Biografía del Autor 168

Agradecimientos

Hace varios meses, John Morton comenzó a hacerme preguntas acerca del pasaje o viaje a través de los reinos de la Luz. Le contesté que las respuestas se encontraban en el material que yo había entregado durante años y que, por lo tanto, sus respuestas también podría encontrarlas allí. Él dijo: "Está bien", y comenzó a buscar. Considerando que John tiene otro trabajo, pronto fue bastante evidente que dicho proyecto requería más de una persona. No obstante, continuó como si él solo fuese a desenterrar todas las respuestas entre la montaña de información que tenía a su disposición.

Al poco tiempo, por iniciativa propia, John empezó a pedirle a otros que participaran con él en este proyecto. Quiero aprovechar la oportunidad de hacer un reconocimiento a esas personas, quienes entregaron incontables horas de su tiempo y esfuerzo para hacer de este libro una realidad: a Stede Barber por la producción y diseño de la edición original en inglés, a Betsy Alexander por editar la misma, a Theresa Hocking por el glosario, a Ingrid Avallon por su asesoría en diseño, a Vivien Smith y Maggie Stuhl por su asistencia en la producción, y a Holly Duggan y Kathleen Safron por su asistencia editorial. Para la realización de la edición en idioma español, deseo expresar mis reconocimientos a las siguientes personas: Reymi Urrich y Alicia Landa, por la traducción inicial y a Ozzie Delgadillo, por la revisión final de la primera edición.

Introducción

Un niño me preguntó cierta vez: "¿Por qué tengo que morir?". Tal vez, el niño en cada uno de nosotros se haga también esa pregunta. Permíteme compartir la conversación que sostuve con ese querido niño.

"No; no tienes que morir tú; sólo tu cuerpo".

"¿Por qué?".

"Porque está programado así".

"¿Por qué no puedo vivir para siempre?".

"Lo haces. Es lo que se llama el Alma. Tú eres un Alma que vive eternamente".

"Entonces, ¿por qué tengo que venir acá en un cuerpo?".

"Estás aquí para tener experiencias y, de esa manera, aprender".

"¿Como en una escuela?".

"Sí".

"Y al final, ¿tendré mi graduación?".

"Exactamente".

"Y una vez que me gradúe, ¿soy para siempre nuevamente?".

"Así es; lo captaste bien".

Y un niño pequeño los guiará.[1]

En esencia, esa conversación describe la razón y el proceso de encarnación en el planeta Tierra de cada una de las numerosas Almas que están experimentando este mundo. Sin embargo, la mente y el ego exigen más información que la anterior para poder entender y aceptar el concepto. Este libro proporciona esa información. Aunque te advierto que, dado que tanto la mente como el ego son los enemigos del Alma, pongo en duda que la comprensión intelectual, por sí misma, vaya a producir la aceptación.

La verdadera aceptación se encuentra en un nivel para el cual no existen palabras. Yo lo pongo en palabras sólo para satisfacer esa parte de tu naturaleza que quiere entender con la mente. Si sigues sin entenderlo, a pesar de todas las palabras, te propongo la esencia y la experiencia del Espíritu. Esta energía se entreteje en las palabras, por fuera, por encima, por debajo y alrededor de ellas. Algunas personas escuchan, otras sólo oyen. Para captar la esencia de la manera en que trabaja el Espíritu, tienes que aplicar estas dos actitudes: escuchar con los oídos de un adulto experimentado y oír con la pureza de un niño.

---

1. Isaías 11:6 Versión Reina-Valera

¿Por Qué Estamos Aquí?
(Si Es Que Estamos...)

*Primero existe el Espíritu,
y de Él proviene Dios.*

El Espíritu abarca absolutamente todo nivel y todo universo, de eternidad en eternidad, de infinito en infinito. El Alma es una extensión que proviene del Espíritu. El Alma más experimentada es Dios.

El Alma del ser humano es energía individualizada, que tiene la capacidad de experimentar los niveles del Espíritu. Sólo que aún carece de todas esas experiencias y, por eso, el Alma encarna en los niveles por debajo de Dios.

Previo a tu nacimiento, el Alma y el ser superior (véase la sección que trata del Ser Superior) se presentan ante lo que llamamos el concejo kármico, y los señores de los archivos Akásicos les entregan información. (Esta información no se da en un lenguaje comprensible en el nivel físico). El concejo akáshico tiene el registro de toda experiencia, emoción, acción, acción incompleta y promesa, y de todos los detalles de cada una de todas tus existencias previas. El computador akáshico es imposible de describirse. Baste con decir que posee toda la información sobre ti. Enseguida, el concejo akáshico le ofrece las alternativas a tu ser superior y a tu Alma. Para traducir a un nivel casi prosaico su manera de plantear las cosas, el concejo podría decir: "Alma, aquí están todos los sacos que cuelgan de ti, que contienen todas las cosas que no completaste en tus mundos. Ahora tienes la oportunidad de completarlas, todas de una vez en esta encarnación, o bien, de a poco en varias encarnaciones".

Algunos de ustedes han creado un karma tan voluminoso en sus vidas anteriores, que en esa reunión pueden decidir no completarlo todo en una sola existencia (aunque muchos de los que están leyendo esto en este momento, han elegido completar su karma en esta última vida para irse a los reinos de Dios). El que lo hagas o no es donde el libre albedrío, o la libertad de hacer o no hacer, entra en juego. A los encargados de conservar los archivos Akásicos no les importa y tampoco juzgan, ellos solamente entregan la información.

Una vez que tu Alma y tu ser superior toman la decisión, ellos preparan tu plan de vida de manera que te proporcione el máximo de oportunidades para cumplir el karma que has elegido completar en esta vida. Esto incluye elegir a tu madre, a tu padre, el lugar de tu nacimiento, tu género, la contexta física (incluido cualquier impedimento físico), etc. Así que, la próxima vez que te encuentres quejándote de tu condición física, o de un pariente, o de la forma en que la sociedad trata a tu género o a tu raza, debes saber que tuviste toda esa información cuando hiciste las mejores elecciones para esta encarnación; siendo aquéllas las que te permitirán compensar tu karma.

Debes saber que cada situación o circunstancia que vivas te sirve de peldaño hacia el Espíritu, y que cada una la elegiste específicamente con esa intención. Todo ha sido predeterminado en el nivel del Alma. Si, como tanta gente, te ocultas tras el velo del olvido, con tus pies atrapados en el ego, esas mismas circunstancias serán dolorosos obstáculos para ti. Mas, no tiene que ser así. Tú puedes elegir. Cada situación puede tomarse como una fuente de información que te lleve al corazón de Dios de una forma más directa, o una dolorosa lección que retarde un poco el retorno a casa. Independientemente de la elección, ningún Alma se perderá. Sólo que algunas personas pueden demorarse diez o diez mil existencias más en aprender de las experiencias.

El Proceso de Encarnar

Cuando el Alma desciende a este mundo y encarna, asume un cuerpo etérico (envoltura), que es una sustancia muy fina que la cubre. A medida que continúa descendiendo, va haciéndose de un cuerpo mental, uno causal y uno astral (envoltura). Entonces, naces. Nacer es el acto de elegir un cuerpo físico.

Para tu infancia, se te proporciona un velo del olvido. Éste es un recurso espiritual que forma parte del equipamiento propio de la encarnación. Si estuvieras consciente de las lecciones kármicas y acciones compensadoras de esta vida, podrías tratar de eludir algunas, descartar otras y manejar otras con una respuesta habitual. Para que abordes cada experiencia como una nueva oportunidad en esta divina misión de aprendizaje, generalmente, a la edad de siete u ocho años desciende el velo del olvido.

Los niveles de comunicación establecidos en el Espíritu continúan incluso después de tu nacimiento, pero tu ser consciente puede no estar enterado de ellos; a decir verdad, no se entera hasta que practiques un proceso de sintonización interior (véase la sección que trata sobre los Ejercicios Espirituales).

Cada nivel de existencia está regido por el nivel inmediatamente superior. El nivel superior es casi como un imán que te atrae para que asciendas y participes en un plano más elevado. Es como trabajar en una gran organización: a medida que mejor desempeñas el trabajo en el cargo que ocupas, más oportunidades tienes de avanzar y obtener una promoción. Tal es también el caso en el Espíritu. El plano físico está regido por el astral, el astral por el causal, el causal por el mental, el mental por el etérico y el etérico por el Alma. El Alma está regida por Dios.

Al hablar de niveles de existencia, no me refiero a niveles como los pisos de un edificio. Considéralos más bien como grados de vibración. Todas las vibraciones ocurren simultáneamente. A medida que se afinan, se va definiendo el sonido y el color de cada frecuencia de vibración.

Lo que somos es más brillante que todos los niveles inferiores, incluso más brillante que los Señores de dichos niveles. Somos magníficos, pero el cuerpo físico en verdad nos impide ver nuestra magnificencia, porque estamos entrenados para mirar aquí en forma externa, al cuerpo, y a través del cuerpo de carne y hueso. Solamente por medio de la sintonización, al volvernos hacia nuestro interior, es que seremos capaces de ver lo que verdaderamente hay dentro de nosotros.

¿Existe Algo Más Abajo del Reino Físico?

Así como hay niveles por sobre el reino físico, incluido el reino del Alma, nuestro verdadero hogar, también hay niveles inferiores por debajo de éste. Estas áreas, que descienden desde el plano físico, influyen de sobremanera en el modo en que cumplimos o evitamos nuestro destino kármico.

El subconsciente es la parte que guarda lo que olvidamos a nivel consciente; la información se mantiene en ese lugar a tu disposición, ya que el subconsciente la almacena hasta que estés en condiciones de dejarla surgir. Lo que mantienes fuera de tu conciencia puede ser profundo y creativo, o tan nimio como, por ejemplo, dónde pusiste tus anteojos (que terminas encontrando sobre tu cabeza).

El subconsciente es un nivel de energía muy valioso y es especialmente útil en los momentos en que una parte de ti (el ser básico) prefiere olvidar una determinada tarea o información que requiere de acción. El recuerdo de las acciones que no se han completado yace en el subconsciente. A veces, la toma de conciencia de las acciones incompletas alcanza al ser consciente con un simple llamado; otras, sólo se hace presente si tú (el ser básico y el ser consciente) estás relajado o distraído y, en ese caso, la toma de conciencia se manifiesta como energía asociada a algo que olvidaste.

Inmediatamente por dabajo del subconsciente está el nivel inconsciente, que es un nivel desconocido. En dicho nivel se guarda todo lo que hemos traído del nivel espiritual, y que hemos empujado a través del nivel físico, hasta el subconsciente y el inconsciente. Entonces, declaramos que hemos terminado con eso. En el Espíritu no hay cabos sueltos. La naturaleza eterna del Espíritu retiene todo hasta que ocurre la completación, y aun después. Cuando la completación se produce, las cosas no resueltas, las emociones desequilibradas y las acciones crueles se compensan haciendo, amando y cuidando.

Podrías declarar con soberbia que has terminado con alguien o con algo, pero el tú que está dentro de ti sabe la verdad. Ése tú que sabe es el completador, la esencia del Espíritu, el Viajero Místico dentro de ti (véase la sección que trata del Viajero Místico). Aun cuando hayas empujado con mucha determinación esas oportunidades kármaticas hacia el inconsciente, precisamente es allí donde ellas esperan. Esperan en el inconsciente. El Espíritu tiene una paciencia infinita que dura toda la eternidad, y mucho más todavía.

El inconsciente tiene sólo paciencia finita. Eso implica que el inconsciente te provocará para que enfrentes el karma durante esta vida. A veces, los recordatorios kármicos afloran simplemente como pensamientos; otras, como constipación (de la mente y de los intestinos). Si te obstinas en no escuchar, también pueden crear asma o incluso cáncer. Mientras más cerca se encuentre el final de la paciencia finita del inconsciente, más exagerados serán los mensajes, y todos dirán lo mismo: "Oye, ¡escucha! ¡Deja de negarte! ¡Deja tu soberbia de estar en lo correcto! Deja de detener tu progreso espiritual y, ¡escucha!".

Para aquellos que sí escuchan, el Espíritu está a su disposición en un abrir y cerrar de ojos. Pero, a veces, el ojo del ego es tan grande, que el abrir y cerrar de ojos puede tardar un tiempo. Te sugiero que no ignores las primeras señales de tu inconsciente. Si las ignoras, tu karma podría salir a la superficie veinte años después de una forma mucho más drástica. Conectarse con el inconsciente (el depósito de las cosas incompletas) puede ser una bendición espiritual, pues te permitirá tomar conciencia de tu karma, completarlo o compensarlo y, luego, volver a casa, a Dios.

Por debajo del inconsciente están los hábitos y las adicciones (pueden estar también arriba, dependiendo del comportamiento). La gente ha practicado patrones de comportamiento (como por ejemplo, morderse las uñas, fumar, etc.) durante tanto tiempo, que ya no lo hace conscientemente. A modo de ejemplo, una persona puede tener el hábito de fumar mientras habla por teléfono. Busca los cigarrillos en el bolsillo, y no están allí. A los pocos minutos los busca nuevamente en el mismo bolsillo, por hábito y adicción, completamente inconsciente de que lo acaba de hacer. Este hábito está basado en una adicción. Los cigarrillos están siempre en el mismo bolsillo, la adicción le dice que los busque y la mano va por hábito a ese bolsillo.

Bajo dicho nivel están las llamadas obsesiones y compulsiones. En *Macbeth*, Lady Macbeth camina de aquí para allá frotándose las manos y diciendo: "Fuera, maldita mancha. ¡Fuera, te digo!". Éste es un comportamiento obsesivo. Ella tuvo que ver con el asesinato del rey, por lo que ahora, despierta o sonámbula, está obsesionada con limpiarse las manos de la supuesta mancha, símbolo del crimen.

La mayoría de los sonambulismos provienen de esta área de las obsesiones y compulsiones. La gente puede caminar con los ojos abiertos pero con la mente dormida. Muchos niños son sonámbulos. Algunos caminan en su mente, pensando que van al baño a orinar y mojan la cama.

Las compulsiones y obsesiones están relacionadas con los hábitos y con el comportamiento adictivo en general, pero se sitúan mucho más profundo. Los cleptómanos, los adictos a los narcóticos y los alcohólicos caen bajo esta clasificación.

Las Entidades

Por debajo de las compulsiones se encuentran las posesiones, que generalmente se manifiestan como entidades desencarnadas. Una entidad no puede apoderarse de un cuerpo, a menos que la persona renuncie a su cuerpo, involucrándose en formas de adicción, obsesión o compulsión. Los intentos de suicidio también exponen al cuerpo a ser poseído por una entidad. La entidad tiene derecho a adueñarse del cuerpo. En ese caso, la persona no está muerta, sólo ha sido relegada. Si a la entidad que se ha apoderado del cuerpo le gusta el alcohol, la persona empezará a beber. Ésa es una posesión.

A una entidad se la puede remover, pero si se saca la entidad de una persona y ésta no cambia de comportamiento, podría entrar otra entidad. Cuando se produce una situación de este tipo, hay que educar tanto a la persona como a la entidad presente. La entidad no querrá escuchar, porque tiene el control del cuerpo, aunque sin ser su dueño. Mientras la entidad no deje el cuerpo, la persona dependerá de alguien que la gobierne. La situación es parecida a la de algunos matrimonios, en donde el marido o la mujer determinan lo que el otro debe hacer; sin embargo, ellos suelen hacerlo por amor.

Las posesiones no operan por amor. Utilizan a la persona en beneficio propio. De cierto modo, la acción se justifica, pues la persona ha renunciado a la responsabilidad que tiene sobre su cuerpo, permitiendo así que la entidad ingrese a él. La entidad no genera karma adicional para sí mismo por hacer esto, pero la persona sí, pues ha renunciado a la responsabilidad que tiene con su cuerpo físico.

Según la evolución que posea la entidad, ésta puede vivir en cualquiera de los siguientes niveles: subconsciente, inconsciente, obsesivo, compulsivo o posesivo. Estos niveles existen en cada uno de nosotros, y la entidad ingresa al nivel que esté disponible.

La entidad puede provenir del reino astral, causal, mental o etérico. La mayoría de los *médiums* afirman que sus guías, que son posesiones y entidades, provienen del plano causal, mental o etérico. Los llaman maestros, maestros ascendidos o Gran Hermandad Blanca. Ocasionalmente, algunas entidades pueden darte un buen consejo. Verifícalo. Si la información contribuye con tu felicidad, salud y prosperidad, puedes optar por hacer lo que el guía te diga. Para asegurarte de que la dirección que te señala sea para tu bien mayor, te sugiero que, antes de actuar en la dirección señalada por ese guía, cada vez pongas a prueba el consejo.

A veces, las entidades son muy inteligentes, otras, bastante estúpidas. En ocasiones, adoptan formas familiares y se presentan como, por ejemplo, tu tío Carlos, siendo que en verdad sólo están usando información que tú mismo dejaste salir a través de tu personalidad y en el nivel astral. Una entidad también puede ser una proyección de la personalidad, procedente del reino inconsciente o del reino astral. Tu tío Carlos puede que haya evolucionado a niveles superiores, mientras que la entidad sigue a tu alrededor bajo la forma del tío Carlos. Otras energías se han adueñado de esa forma y afirman ser el tío Carlos, pero son impostoras.

En efecto, las entidades pueden ser mentirosas sin problema alguno, y ésta es otra buena razón para comprobar cualquier cosa que creas oír o que sientas que te instruyen hacer en los planos interiores.

El que las entidades (o algunos adivinos) sepan ciertos hechos relevantes sobre el tío Carlos (o sobre tu pasado), no significa que sepan más que tú sobre la dirección de tu vida. Compruébalo antes de que las consecuencias te afecten.

Una entidad, según el diccionario, es un ser que tiene existencia autónoma. Por lo tanto, todas las Almas son entidades, pero no todas las entidades tienen Alma.

El Ser Básico, el Ser Consciente y el Ser Superior

Por debajo de las obsesiones está lo que se conoce como el ser básico. El ser básico es el que mantiene al cuerpo, y el que abre y cierra los centros psíquicos. Es el niño interno en cada uno de nosotros. Como forma de energía, físicamente se encuentra localizado en la zona del estómago. A menudo, el ser básico puede estar en conflicto con la parte despierta del nivel físico, a la que llamamos ser consciente. Por sobre el ser consciente, y entre el cuerpo etérico y el espejo cósmico, hay un ser superior, aunque el ser superior puede provenir de cualquier reino (astral, causal, mental o etérico). La ubicación física del ser superior se encuentra generalmente encima de la cabeza.

El ser superior le entrega todas las instrucciones kármicas a todo lo que está debajo de él, pero no tiene control sobre el Alma. El Alma es perfecta. Todo lo que se encuentra debajo del Alma es imperfecto. Y, generalmente, hay algo incompleto debajo del Alma.

Por lo general, el ser básico sostiene conversaciones con el ser superior a lo largo de toda la vida. Podría decirle algo como: "¿Qué vamos a hacer en esta vida?". Y si el ser básico se mete en problemas, por involucrarse en actividades que no apoyan el camino elegido en el Alma, podría preguntarle al ser superior: "¿Y qué hacemos ahora?", y el ser superior responderle: "Oye, ser básico, ¿qué quieres decir con 'qué hacemos'? Tú te metiste en este lío, creando más karma que el que se pretendía originalmente; yo sólo observaré hasta que tú y ese indolente del ser consciente, que está por allá, vuelvan al camino divino que acordamos seguir con el Alma".

El ser básico (o los seres básicos, pues a veces hay más de uno) y el ser superior (generalmente sólo uno) se comunican entre sí. El ser básico también se comunica con el ser consciente de manera directa. Para hacerlo, el básico tiene que pasar por las posesiones, compulsiones, obsesiones y adicciones, si las hay, y por los niveles inconsciente y subconsciente antes de poder llegar al ser consciente en el nivel físico. En forma similar, el ser consciente y el ser superior tienen que recorrer el mismo proceso antes de poder comunicarse con el ser básico y orientarlo para que asuma una dirección responsable.

El básico puede parase en seco, y recibir o dar instrucciones confusas. Usa tu conciencia y activa al ser consciente. Siempre comprueba cualquier dirección a nivel consciente. En otras palabras, mira antes de saltar. Aunque, en este caso, mira hacia adentro, que es donde se conoce la verdad interior.

Por lo general, es fácil reconocer cuando una persona está actuando desde el ser básico, porque suele manifestar una conducta emocional. Así es como puede reconocerse al ser básico. Al ser consciente se lo puede ver, porque estamos aquí, físicamente; el aquí y el ahora son los dominios del ser consciente, cuando se hace cargo de ellos. El ser superior no puede verse con la vista física normal, ni siquiera con la más perceptiva, pero puede hacerse contacto con él cuando la visión interna está suficientemente aguzada.

El básico suele relacionarse con las leyes humanas a través de la culpa, que surge en él al desobedecer las reglas del juego. Estas reglas pueden incluir las pautas dadas por los padres, las reglas del profesor, una señal de tránsito, las normas tributarias, las costumbres sociales en relación con la fidelidad, o la ética de tu propio ser superior. En cuanto sientes culpa, puedes apostar a que tu básico está involucrado.

Cuando Jesús dijo: "Yo y el Padre somos uno"[2], se refería a que "el Padre" es el ser superior y el "Yo", el ser consciente. Cuando dijo: "Yo soy el camino, la verdad y la vida"[3], hablaba como ser superior. Recuerda, sin embargo, que aunque el ser superior sea nuestra conexión con la fuente divina, no está en el Alma ni en los reinos positivos de Dios. Tanto el ser superior como el concejo kármico, por muy elevados que estén, ambos residen en los reinos inferiores.

El ser superior existe en todos los reinos inferiores, con el fin de poder guiar el plan kármico en cada nivel en particular. El Alma conoce el plan, pero es responsabilidad del ser superior encargarse de los indicadores kármicos en los niveles inferiores. Estos indicadores se manifiestan en tu vida como alegría o falta de ella, salud o enfermedad,

---

2 Juan 10:30 Versión Reina-Valera
3 Juan 14:6 Versión Reina-Valera

que haya manifestaciones de gracia y cariño, o una tendencia a tener accidentes.

Así es como puede que se hayan desarrollado los acontecimientos antes de tu más reciente encarnación en este planeta kármico. En determinado momento, que puede haber ocurrido doscientos años antes de tu nacimiento físico, el concejo kármico revisa con el Alma todas las cosas que tienes que aprender antes de poder regresar a casa, al plano del Alma, definitivamente. Para apoyar el plan, se elige al ser superior y al ser básico. El ser básico, el Alma y el ser superior revisan el plan maestro de tu vida y se ponen de acuerdo sobre las condiciones claves que vas a requerir; éstas se coordinan para que encajen en una matriz que incluya todas las características de tu ADN y ARN (código genético de un individuo) y las oportunidades óptimas para compensar tu karma. No es estar predestinado, sino que aquí entra en juego el libre albedrío.

Observa tu vida en este momento. Examina las decisiones que tomas. ¿Son todas a favor de tu salud, abundancia y felicidad? ¿Y a favor del amor incondicional y de no enjuiciar? Si no es así, quiere decir que no estás cooperando con las oportunidades de tu plan divino todavía. Si yo fuera un vendedor, lo promocionaría así: "¡Ofertas para toda una vida!"; o si lo estropeas: "¡Ofertas para muchas vidas más!".

Es probable que en un momento dado, tanto el ser superior como el Alma y el ser básico se manifiesten y se encuentren con el Alma, el ser superior y el ser básico de tus posibles padre y madre, así como de tus posibles hermanos y hermanas. Y mientras esto ocurre, ¿dónde está el ser consciente? Dicha energía, el ser consciente, se extiende desde el Alma como energía no condicionada. Generalmente, se despierta al nacer y tiene un entrenamiento muy intensivo hasta aproximadamente los tres años de edad. Este entrenamiento continúa hasta que el cuerpo físico tiene unos siete u ocho años.

Cuando tus padres tienen relaciones sexuales y ocurre la concepción, el ser básico entra al cuerpo dentro de las siguientes veinticuatro horas. Utilizando la matriz proporcionada por el código genético, el ser básico comienza a formular lo que llamamos un bebé. Durante la gestación, el bebé tiene sexo femenino primero. Si el bebé va a ser varón, los órganos genitales masculinos aparecen más tarde.

Cuando el básico entra en acción, está al tanto del plan completo y construye todo de acuerdo con ese programa. En esa etapa, posee jurisdicción total sobre el cuerpo. Puede abortar al feto o causar un aborto más adelante, si siente, por ejemplo, que se produce una incompatibilidad por alguna condición kármica creada recientemente por los padres, especialmente por la madre, que podría alterar el plan original. Si el plan kármico consiste en tener la experiencia de la gestación solamente, puede producirse un parto de mortinato.

El Alma, que comienza sus experiencias en este cuerpo, generalmente ingresa con la primera respiración del bebé. El Alma también determina cuán profundo entrará en el cuerpo físico. Puede flotar un tiempo por encima del cuerpo, pero finalmente entra, pues sabe que tiene que hacerlo en un tiempo determinado para poder cumplir con su destino. De cierto modo, esto valida la astrología, que tiene que ver con los ciclos temporales y con las influencias planetarias. Si se usa la astrología como fuente de información, el único cuidado que hay que tener es no utilizarla para evadir las lecciones y aprendizajes que te esperan. Porque, en realidad, a pesar de la información astrológica, sigues teniendo que resolver tus lecciones kármicas. Si no actúas con una conciencia de amor, la astrología no te servirá de nada. Lo único que sirve son los actos de amor.

Para el ser básico, el velo del olvido cae aproximadamente a los siete u ocho años de edad. Desde ese momento en adelante, el ser básico ya no recuerda el plan de vida completo, pero el ser superior sí. El plan sigue estando impregnado en el ser básico, pero a nivel de conciencia adormecida. El ser consciente llega en blanco. El recuerdo y la memoria pertenecen a los dominios del ser básico, quien alimenta gradualmente al ser consciente, a medida que éste se entrena para manejar sus responsabilidades en el nivel físico.

Sirve considerar a tu ser básico como alguien que creció hasta los cuatro años y que se detuvo ahí. En otras palabras, no permitas que un niño de cuatro años gobierne tu cuerpo adulto; sería como dejar que ese niño condujese por la carretera un enorme camión. Sería bastante aterrador, por decir lo menos, y muy peligroso, por decir lo más.

La relación entre el ser básico y el ser consciente puede ser delicada. El básico puede asumir el control si el consciente rehuye sus responsabilidades. Por ejemplo, el ser básico puede robar y hacer que el ser consciente se sienta culpable. Luego, al reprimir la culpa el consciente, la energía reprimida se convierte en un obstáculo entre el ser superior y el ser consciente. Debido a que el ser superior es quien se comunica con el Alma, en última instancia, habrás bloqueado a Dios. Bloquear la comunicación con Dios es, tal vez, lo más cercano al pecado que conozco.

La Conciencia del Viajero Místico está al tanto de esta comunicación bloqueada y se adapta a los seres superior, consciente y básico como una energía *que no interfiere*. Puede aclarar las cosas, pero sólo si se lo pides desde el ser consciente y el ser superior. En parte, este pedido se expresa por medio de los ejercicios espirituales. El Viajero trabaja contigo también en los niveles espirituales mediante técnicas y servicios tales como los balances de aura, las Disertaciones del Conocimiento del Alma, los seminarios y las reprogramaciones positivas (cintas, CD's), todo lo cual ha sido especialmente diseñado para que sueltes todo lo que está comprimido y lo eleves, para permitir que el Espíritu fluya.

El Espíritu te levanta y eleva. Cuando te elevas y te llenas de un espíritu de celebración, te conviertes en parte de la majestuosidad de Dios, con la cual cooperan de hecho el ser básico, el ser consciente y el ser superior, en amorosa armonía.

¿Predestinación o Libre Elección?

No pienses que todo lo que tu haces y no haces está predeterminado. Sólo se prepara el plan de vida, dentro de una estructura compleja. En el camino tienes lo que llamamos libre elección. Libre elección *en el camino*. ¿En el camino hacia dónde? En el camino hacia el lugar de donde partiste: tu hogar espiritual, tu fuente, tu Alma, el corazón de Dios, tú.

¿Has hecho esto antes? Por supuesto. Has tenido muchas oportunidades de cumplir con tu destino último y, por una cantidad de razones diferentes (por lo general deletreadas e-g-o), elegiste no llegar a fondo. Ahora, una vez más, te enfrentas a la decisión última de completación y de dicha eterna, o, si prefieres, de reencarnación en este difícil planeta. De ti depende.

Entre una encarnación y la siguiente hay un velo del olvido que te proporciona una oportunidad mayor de cumplir con la decisión que tomaste en el Espíritu. Porque, si pudieras verlo todo, de arriba a abajo, ver todas tus vidas pasadas hasta la presente, las cosas podrían ser mucho más difíciles y dolorosas de lo que eres capaz de soportar en tu estado de despertar de conciencia actual. Si no olvidaras, podrías sentirte mal por lo que te hiciste a ti mismo y a otra gente en vidas anteriores, y la tristeza podría ser tan abrumadora, que no estarías en condiciones de hacer nada en esta vida.

Al Espíritu no le interesan los sentimientos de culpa, ni culpar a otros. La culpa es inútil, a menos que la uses de información para evitar acciones que generan culpabilidad.

Algunas personas creen que tienen *libre albedrío* o la cpacidad de elegir libremente el momento de su muerte. Antes de que encarnaras, cuando te reuniste con el ser superior y el concejo akáshico, se determinó cuánto vivirías y cuándo morirías. (No *cómo* morirías. Tal vez eso quede a tu libre elección. Tal vez). Incluso las personas que han tratado de suicidarse "antes de su hora", es decir, antes del momento convenido con el ser superior, no mueren. En vez de eso, les hacen lavados de estómago y experimentan un malestar espantoso, y siguen con vida. No pueden morir, a menos que el ser superior esté de acuerdo. No importa cómo mueras (de ataque al corazón, en un accidente de tránsito o durante el sueño), porque el Alma no muere nunca. Vive para siempre. Por lo tanto, al nivel del ser superior no interesa el cuerpo, ya que se reconoce que, en este lapso de tiempo, la naturaleza del cuerpo es morir.

Si la gente que contempla suicidarse entendiera el plan de vida, no se suicidaría; se darían cuenta de que podrás matarte cien veces, pero seguirás teniendo que reencarnar al menos ciento una vez más. Es posible que tu ego se resista, pero cuando hay karma que compensar, no hay forma de evitarlo; será compensado.

Notarás que el ego ha sido mencionado varias veces. No estoy desestimando el valor que tiene. Nos permite ir allí donde "los ángeles no se aventuran". Nos anima a correr riesgos. Nos apoya cuando perseguimos resultados. También apoya y crea reconocimiento, cuando éste es necesario. Pero si alimentamos al ego con nuestra energía, en conjunto con nuestro ser inferior, realmente estaremos co-creando un monstruo. Y empezaremos a dependeder de la adrenalina del ego, es decir, del reconocimiento, del aplauso y de las alabanzas. Oropel. Con el tiempo, el adicto atrapado en su ego deja de reconocer si los cumplidos y las alabanzas son verdaderos o falsos. Pasado un tiempo, eso no importa. Entonces, te habrás transformado en un verdadero adicto, en un esclavo del ego.

El ego es producto de una interacción mental y emocional. Parece funcionar independientemente de tu mente y de tu Alma. De hecho, el ego es enemigo de la trascendencia del Alma. La mayoría de la gente piensa que una persona es su ego. Puedes detener a tu ego, pero no puedes detenerte a ti mismo. Puedes contener la respiración durante un tiempo tan largo que llegues a desmayarte, pero al tanto empezarás a respirar nuevamente. Cuando te desmayas, el ego desaparece (pertenece al proceso mental-emocional), por lo tanto, eso que te hace respirar es quien tú eres.

No eres el ego que busca aprobación. Quien tú eres de verdad no necesita aprobación. Cuando simplemente eres, no necesitas validación, pues eres simplemente. En el nivel superior, se conoce como el YO SOY. Dios.

Encima del Reino del Alma

Comenzando por lo más alto de todo, primero está el Espíritu. Del Espíritu salió Dios; desde Dios descendieron muchos niveles.

Hay por lo menos veintisiete niveles entre Dios y el reino del Alma. Estos niveles tienen varios nombres y manifestaciones de Dios en ellos, pero no son verbales. Los llamamos los reinos sin nombre, los reinos inaccesibles, los lugares no disponibles; tienes que adivinar el resto porque no hay vocablos para eso. Excepto por el antiguo lenguaje adánico, la manera de llegar a la naturaleza de esto es mediante la telepatía y, para unos pocos escogidos, que a su vez eligen los caminos del Espíritu, por experiencia.

El Reino del Alma

Alma es otra manera de decir YO SOY. Es el nivel de conciencia más alto que existe en el plano físico. El Alma es inteligencia. Simplemente sabe. En el hinduismo se la llama también Átima, término sánscrito que significa tu esencia, quien tú eres.

El Alma existe en todos los niveles: físico, astral, causal, mental y etérico. Aun cuando el Alma sea el aspecto más débil en el mundo físico, es lo único que está en todos los niveles. Así que, si vas a vivir en algún nivel, tiene sentido que escojas el mejor lugar para vivir, el Alma.

Los viajes del Alma son experiencias fuera del cuerpo que pueden ocurrir mientras estás haciendo ejercicios espirituales o durmiendo y, a veces, mientras estás despierto y funcionando, llevando a cabo tareas que sólo requieren hábitos del ser básico. El viaje del Alma es esa experiencia divina en que tu esencia espiritual viaja, literalmente, por los reinos internos. A medida que viajas hacia los reinos superiores, obtienes experiencias e información que fortalecen tu corazón espiritual, y que pueden completar tu karma. Parte del trabajo que hacemos en el Movimiento del Sendero Interno del Alma es desarrollar la habilidad de traer a nivel consciente las experiencias de nuestros viajes del Alma.

Muchas veces, especialmente en los iniciados nuevos, la conciencia de esto es limitada; pero, a pesar de ello, a menudo viajas en el Alma. Por ejemplo, ¿te has despertado alguna vez en la mañana y de lo primero que tomas conciencia es de estar trabajando sentado en la silla frente a tu escritorio, y que te hayas preguntado cómo llegaste ahí? Tu ser básico puede haberse ocupado de todas las tareas automáticas (desde vestirte hasta conducir), mientras tú viajabas en el Alma. (Personalmente no te recomiendo hacer viajes del Alma mientras conduzcas un automóvil; prefiero que manejes conscientemente y que viajes en el Alma cuando estés en una posición fija). Una vez que conocemos la posibilidad de la experiencia de los viajes del Alma y la aceptamos, nos damos cuenta de que son algo natural y, con ese reconocimiento, incrementamos nuestra capacidad de hacerlos.

Tenemos acceso a toda la información. Cuando alguien inventa algo, o hace un gran descubrimiento, o aparece con una teoría revolucionaria que afecta al mundo entero, esa persona se ha conectado con el conocimiento universal que existe todo el tiempo. Sólo requirió que esa persona en particular se hiciera a un lado (ego, condicionamientos, género, clase social, situación económica y otras limitaciones) y se convirtiera en un canal para la información.

Los genios, de hecho, son seres que tienen sus canales abiertos a esta información. Desde Mozart y Einstein hasta Shakespeare y Emerson, desde E.E. Cummings a Lao Tsé y Juana de Arco, cada uno de ellos se conectó a una fuente, también conocida como la energía del Alma. El Alma, que es la fuente omnisciente, lo sabe todo.

Todos estamos conectados por medio del Alma. Los seres llamados genios, y los otros llamados idiotas, están totalmente conectados en el Espíritu. La diferencia radica en que uno se ha conectado a la energía del Alma en un nivel particular y diferente. No mejor.

Advierte que dije en un nivel particular. Una persona puede conectarse al nivel del Alma con la fuente del arte, de la ciencia, de la literatura, de la música, y así siguiendo. Lo que convierte a esto en universal es la esencia de Dios que, en el plano físico, a veces llamamos humanidad. Cuando miramos una película o un programa de televisión, cuando observamos un cuadro o leemos un libro que nos llega al corazón, probablemente estemos siendo tocados por esa humanidad de energía del Alma, de Dios, que ha sido canalizada a través de ese medio.

Cuando estás en los planos por debajo del Alma, fundamentalmente estás consciente de que *ves* la Luz y de que es hermosa. Cuando alcanzas el reino del Alma, eres *parte* de la Luz. Estás impregnado de Luz, que en realidad es la Corriente del Sonido, ese sonido audible de Dios que existe en todos los niveles y que puede ser visto en diversos colores.

La conexión que se funde finalmente dentro de cada uno de nosotros es el ingrediente primordial del Alma, es decir, ese amor neutro, infinito e incondicional, en Dios.

Existen aproximadamente seis mil quinientos millones de personas en este planeta, y tal vez cuarenta de ellas lleguen a establecerse tan alto como al nivel del Alma. Esto podrá cambiar a medida que los seres con conciencia y compromiso se reúnan en ejercicios espirituales y en servicio, despertando al Viajero Místico en cada uno.

Cuando llegas al Alma, puedes traer el conocimiento del Alma de lo que es al plano físico, y corregir aquello que necesita ser corregido en la vida. Puedes convertir a tu vida en algo maravilloso, hermoso y dichoso. Aprendes a manejarte en todos los niveles, desde el Alma hacia abajo, momento a momento, en cada una de tus decisiones, sabiendo que tendrán consecuencias que te desafiarán y que podrán ser manejadas, experimentadas y corregidas, cuando sea necesario. Es posible que vivas tu vida con la conciencia del Alma ahora mismo, desde el nivel físico hasta el Alma y de vuelta, co-creando buena salud, abundancia y felicidad.

El Reino Etérico

En el reino etérico existen los planos astral, causal, mental, etérico y del Alma.

Descendiendo desde el reino del Alma, llegamos al vacío que está en la la parte superior del reino etérico. En esta zona podemos experimentar lo que llamamos duendes, fantasmas y todas esas cosas que nos acechan de noche. Ésta es el área en la que trabajan psicólogos, psiquiatras y psicoanalistas. Este vacío y oscuridad es una de las áreas en las que contenemos nuestra negatividad.

Este vacío separa al reino del Alma, que es el mundo espiritual, de los mundos psíquico-materiales. Para atravesar el vacío hasta el reino del Alma, y *vivir allí sin tener que volver a encarnar jamás*, tienes que demostrarte que eres apto, disolviendo todo el karma.

Por debajo del plano del Alma, todo reencarna. Si llegas a ascender hasta el reino etérico, puedes vivir allí diez mil años y pensar que estás en el cielo. Sin embargo, un día despertarás abajo, en el reino físico, como un pequeño bebé.

El vacío entre el etérico y el Alma es oscuro, excepto en la parte reflejada. El espejo cósmico (el reflejo) muestra todo lo que está debajo de él. Algunos de los planos reflejados, como, por ejemplo, el país de las maravillas en el mundo astral, son tan magníficos, que suelen ser trampas que nos impiden llegar al plano del Alma. Cuando evolucionas hasta el reino etérico, has atravesado el resplandor de los Señores de los reinos astral, causal y mental, y ahora eres reflejado como lo más resplandeciente que hay a la vista. Sin embargo, el hecho es que todavía no estás en el reino del Alma.

Todo lo que no ha sido despejado en los planos físico, astral, causal y mental se proyecta en el espejo cósmico. Puede presentarse como circunstancias terribles que evocan sensaciones intensas, y que parecen ser la realidad. Pero no es la realidad; es sólo un reflejo. Aunque sólo sea un reflejo, no debe ser ignorado o descartado. Esta información revela las ilusiones que crea la gente y su apego al glamour, a los deseos, a la envidia y a los demás "pecados mortales". Puedes usar esta información para compensar la acción al aprender el desapego, al dejar ir y dejárselo a Dios. Antes de que llegues al Alma, vas a tener que deshacerte de todos tus apegos y adicciones.

Algunos se instalan en el reino etérico pensando que es el cielo, porque experimentan la presencia de Dios. Ciertamente Dios está presente en el reino etérico, así como lo está en todos los otros reinos, pero éste no es ese cielo que consideramos como la vida eterna. La eternidad existe solamente en los reinos positivos del Alma y más arriba. Para llegar allí, una persona debe trabajar a través de todos los distintos niveles del etérico (el inconsciente) y de áreas que son imposibles de definir con palabras. La guía de la Conciencia del Viajero Místico en este reino es de valor *crucial* para llegar al Alma.

Del plano etérico provienen los poderes de Sidha, que es la habilidad para hacer lo que llamamos magia, es decir, hacer aparecer objetos y hacer hablar a voces descarnadas. Esa magia es simplemente lo que es y proviene de un reino negativo. Sólo el reino del Alma y los que están por sobre él son positivos. Aunque los trucos los hagan frente a ti, te sugiero que verifiques cuidadosamente todo lo que recibas de la fuente que sea, para que determines si la comunicación y la información de ese ser te aporta algo más que el maya o la ilusión del Espíritu.

¿Cómo puedes verificarlo? Participar en dicha enseñanza, ¿crea para ti más alegría y abundancia, a nivel interno y externo? La información recibida y aplicada, ¿despierta más amor en tu vida? Si la respuesta es no, puedes estar jugando con fuego en vez de con la elevación.

Dentro de ti está el microcosmos; y de manera simultánea, afuera está el macrocosmos, que son mundos sin fin. Jesús dijo: "En la casa de mi padre hay muchas moradas".[4] Tú estás asentado como eje de rotación entre dos áreas dinámicas. Cuando una empieza a asumir mayor control que la otra es lo que genera tus dificultades. Tu función es estar disponible tanto

---

4 Juan 14:2 Versión Reina-Valera

para el macro como para el microcosmos. ¿Y cómo se logra eso? Con ejercicios espirituales, oración, amor, cuidado y servicio aquí, en el mundo físico. Te pones a disposición al dar el primer paso que se necesita.

Uno de los primeros pasos es perdonar. Perdónate a ti mismo y a la otra persona. Perdona las emociones que le atribuiste a la otra persona. Perdona a la otra persona, porque errar es humano y perdonar es divino.

Gracias a esas acciones y a los ejercicios espirituales puedes trascender el último reino negativo, el etérico, y traspasar el vacío hasta llegar al Reino del Alma.

El Reino Mental

*En el reino mental existen
los planos astral, causal, mental, etérico
y del Alma.*

*El Señor del reino Mental
es mil veces más esplendoroso
que el Señor del reino astral.*

La actividad del reino mental implica mentalizar, no necesariamente pensar. Los ejercicios mentales pueden ser entretenidos, productivos—en términos de mirar las cosas desde distintos puntos de vista—y, a menudo, inútiles, si se consideran como gimnasia mental.

La conciencia del reino mental puede retener cualquier cosa, desde estadísticas deportivas hasta el texto de un aviso comercial para vender un producto. Esto puede ser útil, en especial, si te interesa manejar muy bien lo trivial o insignificante, pero no te sirve para tus más altos fines, si te distrae de los ejercicios espirituales.

Por ejemplo, puedes invocar la Luz y entonar Ani-Hu[5], pero la mente (también llamada mente matraca o mente cotorra) puede seguir haciéndolo

---

5. Pronunciado "anai-jiú", en español. *Ani* evoca empatía y *Hu* es un nombre antiguo de Dios.

mecánicamente para siempre. En esta acción de enfocarte en los nombres sagrados de Dios, la expresión y el compromiso del ser consciente son imprescindibles.

La mayoría de los seres humanos poseen un diploma que no saben que se les ha otorgado. Se llama D.D.A.: Diploma Divino en Administración. Estamos aquí para administrar nuestro cuerpo, nuestras emociones y nuestra mente. Sin embargo, mucha gente elige no tener sus emociones bajo control administrativo. Bienvenido a las calamidades del causal ¿No crees que tú también las tienes? ¿Así que no? ¿No le has gritado alguna vez a alguien porque no hacía lo que tú querías que hiciera, de la manera y en el momento en que tú querías que lo hiciera? ¿No le has gritado a tu esposo, esposa, madre, padre o hijo? Puedo oírte diciendo: "Pero es que estaban equivocados; estaban haciendo...". Tal vez lo hayan estado haciendo. Tal vez haya habido un error en su comportamiento. ¿Cuál es tu punto de referencia? ¿La perfección? ¿Eres tú un ser perfecto? ¿Hay alguien perfecto en este planeta? Por supuesto que no.

Tal vez seamos un error divino que ha llegado hasta aquí para aprender la perfección. La paradoja es que la perfección no es algo posible en este plano físico; sólo lo es en los reinos positivos del Alma y más arriba. Así que puedes relajarte y *hacer todo lo que esté a tu alcance para lograr excelencia*, dántote a ti y a tus seres queridos el espacio y permiso para cometer errores. Si procedes así, vas por el camino ascendente. Si no, estás programándote para sentir ansiedad y depresión, porque no te estarás permitiendo ejercer tu DDA. No estarás controlando administrativamente tus emociones.

La administración no es tan compleja. Cuando frente a tu compromiso de bajar de peso sientas el impulso de comer otro pedazo de pastel de chocolate, administra/controla ese impulso. En ese momento, ese trozo de pastel es el desafío a tu capacidad administrativa. No tiene sentido que pienses en la última comida, o decirte que mañana ayunarás. El momento para administrar es ahora. Puedes asumir el control administrativo de tu cuerpo en cualquier momento. Es parte de tu herencia divina, y para que puedas reclamarla, debes ponerte en acción.

En el reino mental se da el intelecto, pero no necesariamente la inteligencia. La inteligencia es del dominio del Alma. Inteligencia es saber. Para hacer lo necesario para administrar tu vida, tienes que ir a la fuente de la fortaleza, que no está en el exterior. No se consigue siguiendo la última dieta de moda. La última que adoptaste no te resultó, porque pusiste tu energía en remedios externos. Si te comprometes desde el interior, serás capaz de crear lo que realmente elijas. Tienes dentro de ti la capacidad de crear.

La trampa que se crea con frecuencia en este reino, es la actitud de que "si lo pienso, así es". Eso no tiene sentido. Podemos pasar largo tiempo intelectualizando sobre muchas cosas y seguir estando absolutamente equivocados acerca de lo que es. Antes de Colón, muchos intelectuales decían que el mundo era plano.

A menudo, determinamos mediante un proceso intelectual cómo debería comportarse, vestirse, hablar y actuar una persona. Y esto, por lo general, está basado en las costumbres propias de la época y el lugar, en el género de la persona, su edad, su situación económica y su raza. Nos privamos tanto a nosotros mismos como a la persona de la experiencia original de su esencia. Podemos razonar y justificar nuestro punto de vista intelectual por toda una eternidad. Bueno, casi por toda una eternidad, pues en el Espíritu hay un momento en que la inteligencia hace un llamado al ser, y todas las posiciones que hemos defendido en todas nuestras vidas se derrumban ante el rostro de Dios. Te sugiero que consideres esa posibilidad ahora, en vez de esperar toda una eternidad para que eso suceda.

Muchos seres han visto a Dios en este nivel mental. El aprendizaje y condicionamiento que aceptaste para los planos inferiores suelen determinar lo que veas en este reino. Si te enseñaron a que vas a experimentar el infierno cuando mueras, y tú lo aceptaste, podrás crear ese lugar purificador. O bien, dependiendo de tu formación, podrás ver al Buda; si eres cristiano, a Jesús; si eres judío, a Moisés o Josué o a otro ser; si eres hindú, a Shiva, a Vishnú o Brahma.

Por más hermoso y seductor que sea este Señor del reino mental, si te detienes aquí, volverás a encarnar en el planeta Tierra para recibir las lecciones adicionales.

El Reino Causal

*En el reino causal existen
los planos astral, causal, mental, etérico
y del Alma.*

*El Señor del reino Causal
(a menudo llamado Jehováh)
es mil veces más esplendoroso
que el Señor del reino astral.*

Las causas de las cosas que suceden en este reino físico se originan en el reino causal, que es el plano de la causa y el efecto. Aquí están contenidas las semillas del karma. La gente suele pensar que la mayoría de nuestros problemas provienen de este nivel, pero, desde una perspectiva más elevada, esas situaciones perturbadoras son, en realidad, acciones de compensación. El concepto judeo-cristiano equivalente a karma dice que "lo que un hombre siembra, eso también cosecha".[6]

Ésta es el área de las emociones. Todo lo que tengas que resolver en el mundo viene de este plano. Todo. Independiente de que estés encima de este nivel (en el mental o en el etérico), todo proviene del reino causal.

Aunque el reino causal no sea el más alto, es uno de los más importantes, ya que los sentimientos y

6. Gálatas 6:7 Versión Reina-Valera

las emociones gobiernan a la gente más que sus pensamientos. Cuanto te sientes inclinado a hacer algo, después de hacerlo te preguntas cómo pudiste estar tan loco como para haber hecho lo que hiciste. (La gente que tiene dificultades psiquiátricas o psicológicas, con frecuencia manifiesta problemas provenientes del plano astral o causal).

El cuerpo emotivo, que se encuentra en el área causal, produce una energía emocional que no tiene intelecto, parecido al agua, que se mueve de acuerdo con un patrón de energía que no tiene intelecto. La energía del área causal, que llamamos emociones, se comporta de una manera semejante: la energía emocional te carga a través de todas las áreas de este mundo y no tiene inteligencia. Estas emociones son como un hilo entretejido entre toda la tela de tu vida. En este hilo dorado está estampada la programación de tu ADN y ARN, que contiene una predisposición heredada hacia esas áreas (situaciones kármicas), y que tú has venido a compensar en esta vida (o en otras 24.365 vidas adicionales, si lo eliges así).

¿Son Válidos los Sentimientos?

En este nivel causal creamos perturbaciones que se reflejan en el plano físico, siendo nuestros sentimientos el barómetro de las mismas. ¿Cuántas veces te has defendido diciendo: "Simplemente me sentí así. No pude evitarlo."? El hecho es que sí *podemos* evitarlo, aunque generalmente no lo hagamos; habitualmente le entregamos el control absoluto a las energías causales y las dejamos gobernar nuestra vida.

A causa de nuestros sentimientos y emociones, dejamos que la interpretación nos gobierne. Reaccionamos emocionalmente cuando le deseamos buenos días a alguien, y esa persona nos gruñe y no nos devuelve la sonrisa. Dejamos que nuestras emociones se disparen y pensamos: "¡Qué hombre tan pedante! Le dije hola, le sonreí, estaba dispuesto a compartir las buenas noticias del día con él, pero él sólo me gruñó como si yo no existiera. ¡Le voy a demostrar quién es el que no existe!". Entonces, lo tratamos como si fuera mejor que estuviese muerto, producto de nuestra suposición interpretativa basada en las expectativas de nuestras emociones y en lo que nos dijeron nuestros sentimientos.

En vez de retraerte, simplemente podrías preguntarle a esa persona: "¿Hay algo que anda mal esta mañana? ¿Puedo hacer algo para aliviar lo que te está molestando?". Puede que descubras que ese hombre pasó la noche en vela cuidando a su esposa que está enferma, y que la falta de sueño y la preocupación lo hicieron aparecer como descortés.

Si alguna vez tienes una experiencia de ese tipo, sería bueno para todos que comunicaras simplemente eso, en vez de gruñir. Puedes decir: "Perdóname, pasé una mala noche y me preocupa un ser querido". Entonces podrás ver cómo te apoyan con ternura. Sin embargo, lo triste es que mucha gente prefiere retraerse antes que tomarse conscientemente el tiempo y el esfuerzo para dejar de lado esos sentimientos.

Toda organización (y grupo familiar grande) tiene dentro sí al menos una persona que intentará sabotear la organización, reteniendo información relevante hasta enfrentar una crisis. Esto se llama administración por crisis. A veces, la información se comparte demasiado tarde y ya no sirve, entonces, se llama administración por omisión. Cuando esto empieza a repetirse, es hora de llamar a un lado al individuo e informarle, si se trata de una empresa, que será despedido antes de que la empresa se venga abajo.

En una familia si, por ejemplo, un niño empieza a crear discordia entre los padres, la madre y el padre tienen la opción, ya sea de ceder a las emociones y sentimientos y reñir y echarse mutuamente la culpa (¡Es tu hijo!), o dejar de lado las emociones y sentarse a conversar. Pueden ser directos con el niño: "No vas a seguir causando discordia en esta casa, pues antes de que nos divorciemos, tendrás que cambiar tu conducta o marcharte".

Si el niño es menor, hazle saber que hay hogares que recogen a menores. ¿Es una posición dura? Seguro, pero las condiciones que creas, promueves o permites, al consentir las calamidades del causal y actuar desde tus emociones, a menudo crean situaciones difíciles. Tu alternativa es ser una víctima, estancándote en un determinado reino inferior, o bien usar la situación como información y trascender las limitaciones del reino, adentro y afuera, es decir, aquí en la Tierra como en el cielo.

El Retraerte Te Frena

Si te retraes frente a tu vida, también te retraes del apoyo del Espíritu. Cuando colocas tu energía en las limitaciones de lo físico, descartas el área espiritual, que es donde se encuentran las llaves del éxito. Si ignoras el área espiritual, debes pagar el precio. Puede que se llame tuberculosis, dolores de espalda o malestar. Al Espíritu no le importa, porque no hay niveles emocionales en el Espíritu. Pero, puesto que hay niveles emocionales en ti, ¿por qué no usarlos a tu favor y elegir emocionalmente una vida feliz, saludable y abundante? Dicho con otras palabras, te sugiero que te cuides.

Te sorprenderá lo fácil que puedes manejar tu vida si no frenas tu conciencia, tu integridad y el amor por ti mismo. El cuerpo en sí, por propia naturaleza, es capaz de mantenerse y sanarse. Ese mecanismo es inherente a él. Dios nos hizo de material de primera. No hay nada de segunda mano en nuestra constitución física, aunque su obsolescencia sea inseparable de ella y se llame muerte, o tránsito hacia los reinos más altos del Espíritu.

No importa cuán espiritual digas que eres, igual puedes enloquecer con las emociones si no fortaleces la conexión espiritual interior y ejercitas la fuerza de voluntad del ser consciente. La mayoría de la gente cede a la voluntad negativa del ser básico, y da rienda suelta a la energía emocional que simplemente sirve de vávula de escape a la cólera, al dolor y al desánimo. Lo que le queda a esa gente después de su explosión es cólera, dolor y desánimo, además de un sentimiento de desolación y de fatiga, así como de una baja de energía.

Queda a tu criterio. Si quieres depender de la energía emocional y navegar en ella como en un torrente o, en algunos casos, como en las cataratas del Niágara, puedes hacerlo. Te sugiero cautela. Invoca a tu inteligancia para determinar si realmente quieres seguir con tus emociones o si, simple y llanamente, prefieres estar en el puesto de observación junto a tu ser consciente, tomar distancia y observar cómo las emociones se descontrolan sin tu participación. ¿Es eso difícil? Al comienzo, sí. Con el tiempo se hace más fácil. ¿Cómo? Practicando.

El Reino Astral

*En el reino astral existen los planos
astral, causal, mental, etérico y del Alma.
En el plano causal del astral podría
haber diez millones de niveles.*

*El Señor del plano astral
es más brillante que dieciséis de
los soles que hay en el cielo.*

*San Pedro, "el de las llaves del Reino",
está en el reino astral.*

El reino astral es el área de la imaginación y de los sentimientos concomitantes. En el mundo astral no hay físico, aunque el cuerpo astral efectivamente se asemeja a este cuerpo físico. Pero no tiene la misma forma de energía condensada del cuerpo físico.

El cuerpo astral tiene a su alrededor un doble cuerpo, que contiene todo nuestro bagaje inconsciente de este mundo. Y parte de él es todo lo que hemos hecho y no hemos hecho, y que cuelga alrededor de nosotros. A veces, el exceso de peso es resultado directo de cosas no llevadas a cabo. Las hemos guardado en el saco que nos rodea. Generalmente, en cuanto lo resolvemos, sentimos como si nos quitaran un peso de encima. Además, quedamos en condiciones de perder peso físicamente y, al mismo tiempo, de alivianarnos emocionalmente.

El cuerpo inconsciente se identifica con el cuerpo físico y obtiene su energía del campo astral. Cuando el cuerpo físico muere, ese cuerpo inconsciente se ciñe alrededor del cuerpo astral. Si el cuerpo astral no tiene suficiente fuerza como para desprenderse de él, suele producirse lo que se conoce como un espíritu confinado a la Tierra, pudiendo permanecer miles años en ese estado.

En parte, lo que yo enseño, la trascendencia del Alma, es el conocimiento interno para salir del cuerpo cuando viajamos a los reinos superiores. Sabemos cómo usar nuestra fuerza de voluntad para desprendernos de esas energías inconscientes. Luego, podemos deshacernos del cuerpo astral y evolucionar hacia el cuerpo causal. A medida que continuamos trascendiendo, nos liberamos de nuestro cuerpo causal y llegamos al cuerpo mental, etc. Y en este caso, *etc.* representa la conciencia que sigue transcendiendo eternamente. (En inglés, la sigla "etc" significa *Eternally Traveling Consciousness*).

Cuando el Viajero Místico se te aparece en Espíritu en el nivel astral, se presenta con el aspecto de mi cuerpo físico. Esa forma es radiante debido a que contiene la energía del Alma. Puedes verla cuando cierras los ojos, porque cuando haces eso te vas al mundo astral. Es posible que te cuestiones si no es tu imaginación o efectivamente algo real. En el plano astral es real; en el plano físico es imaginación.

No puedes tener experiencias físicas en el reino astral, aunque si estuviéramos en el mundo astral, y yo te ofreciera un buen vaso de vino, éste podría saber mejor en ese nivel, ya que los sentidos allí estan más aguzados. En cierto modo, podrías calificar como un mejor catador de vino en el mundo astral que en el físico, si ésa fuera tu elección. Si vas a ser un borracho, tal vez el mundo astral sea el mejor lugar para serlo. Al menos, no podrías perder el equilibrio físicamente. En el astral, es más como flotar.

El insomnio proviene del plano mental en el reino astral. La mente astral mentaliza los problemas continuamente y, en combinación con la imaginación, afecta al cuerpo y, a veces, a las glándulas suprarrenales provocando la reacción del sistema nervioso. Si la glándula pituitaria es activada con una mentalización desmedida, se produce una corriente de acción desde la mente que parece difícil de controlar. Una manera podría ser levantándote físicamente de la cama y haciendo ejercicios físicos enérgicos. Esto consume el exceso de adrenalina en el cuerpo, lo que permite acostarse y descansar.

La mayor parte de los síquicos opera desde este nivel astral, que es un plano donde abunda la fenomenología, la levitación y la facultad de levantar mesas. Debido a que éste es el reino de la imaginación y ella tiene una poderosa influencia sobre el reino físico, esta clase de fenómenos se alimenta enteramente de la imaginación.

La mayoría de los sueños ocurre en el plano astral. Otra manera en que imaginamos o incorporamos-una-imagen (en inglés: *imagine or image-in*), es ensoñando. Cuando cerramos los ojos, nos vamos de inmediato al plano astral. Esto sucede automáticamente. Las ensoñaciones, de hecho, se entretejen entrando y saliendo de los mundos astral, causal y físico.

El soñar despierto es una de las experiencias más profundas que podemos tener cuando elegimos ese método para evadirnos de las cosas desagradables. Los niños usan esta herramienta a menudo. Mi intención no es criticarlos o juzgarlos por esa costumbre. Soñar despiertos no implica perder el tiempo. Puede ser muy útil porque la persona, al alejarse de lo que le provoca la dificultad emocional, tiene tiempo para manejar sus emociones.

Soñar despierto también permite que los mecanismos creativos se fundan y creen con mayor facilidad, sin que interfieran el ser consciente, el ego y los juicios. Parte del proceso creativo implica hacer a un lado esos aspectos (ser consciente, ego y juicios), de manera que los impulsos creativos puedan fluir libremente. La estructuración se produce después, cuando traduces la visión a una teoría científica, a una pintura o a un libro. Einstein soñaba despierto, así como Edison y muchos otros inventores o creadores. Sin embargo, como los adultos no se sienten cómodos llamándolo ensoñación, hemos inventado otra palabra más moderna para explicar racionalmente este acto: lo llamamos preocupación.

Otra palabra que describe bien el acto de crear es 'canalización', pues eso es lo que en realidad hacemos. Nos dejamos ir más allá del condicionamiento y permitimos que la energía del Alma atraviese los planos etérico, mental, causal y astral, hasta manifestarse en una experiencia/visión/concepto que simplemente es. Cuando canalizamos la energía del Alma de esta manera, con frecuencia podemos sentirnos eufóricos, porque estamos totalmente presentes en todos los niveles en una experiencia del *ahora*, canalizando una visión artística o científica, que en sus raíces contiene la esencia de la verdad espiritual.

Cuando una pareja que se ama realiza el acto sexual, tiene experiencias similares. En esos escasos momentos, cuando se sobrepasan los egos y las expectativas y sólo se da y se recibe amor, el orgasmo puede ser ese instante en que todos los niveles de conciencia convergen en un punto.

Esto no es lo que sucede habitualmente, porque la relación sexual por lo general está basada en el deseo sexual y no en el amor, y con mucha mayor asuidad se utilizan técnicas de satisfacción sexual en vez de expresiones de cariño y amor. Por regla general, los participantes en la relación sexual están distraídos, y mientras realizan la actividad física, pueden estar en el plano mental, en el causal o en el astral. ¿Cómo logras superar el condicionamiento, las exigencias y las expectativas? No obligándote o simulando nada. Es un proceso de toma de conciencia, aceptación y acción.

La parte más elevada del reino astral, conocida como El País de las Maravillas, es lo que la mayoría de las religiones cristianas y demás religiones ortodoxas llaman el cielo. Podrías pasar aquí 1.500 años, y alejarte del Señor de ese plano, porque el reflejo sería muy brillante; y eso que aún estamos en los mundos psíquico-materiales. Aunque puedas pensar que estás en el cielo para siempre, por lo general volverás a encarnar en el plano físico como bebé.

El Reino Físico

Desde tu perspectiva actual, el primer nivel es el plano físico material. Se llama tú. Pero no es quien tú eres. Para esa información, tienes que chequear el nivel del Alma. Sin embargo, por ahora, el físico es donde te encuentras. Toca este libro. Eso es físico. Lo físico también es energía espiritual condensada. Y aunque sea más material que espiritual, posee la vibración del cambio. No se mantendrá tal como es. Está programado para el cambio, para envejecer, para declinar, para morir, para ser sólo un destello de energía en el universo.

El físico no está en el reino astral, causal, mental, etérico o del Alma, pero en el físico tenemos todos los otros planos, y *es por eso que estamos aquí*. Es únicamente en este reino que los tenemos a todos juntos, y eso nos permite saltar al Espíritu desde un solo lugar. Claro está que hacerlo es más difícil que decirlo. Es difícil desde aquí, porque el trampolín es el cuerpo físico que nos propulsa a algo que no es físico.

El plano físico ni siquiera se gobierna a sí mismo. El plano físico es gobernado por el astral, porque el primer nivel al que debemos ascender, en nuestro viaje de vuelta a casa, es el astral. Desde el físico, no podemos controlar otros niveles en la divina misión de aprendizaje. Sin embargo, desde este reino físico podemos aprender lo que tengamos que aprender, a medida que trascendemos hacia el Espíritu.

Elegimos encarnar aquí, precisamente porque en este nivel podemos tener todas las experiencias. En cambio, no podemos tener las experiencias físicas ni en el plano astral, ni en el causal, ni en el mental, ni en el etérico y tampoco en el del Alma.

Y la experiencia es el instructor maestro.

La Conciencia del Viajero Místico

*En la creación,
Dios era sólo uno,
en un lugar
llamado el Espíritu.*

Dios quiso conocerse a sí mismo en todos los niveles de la creación. A través de eternidades de tiempo, creó planos por debajo de Él y se expandió hasta esos planos. Al expandirse a esos planos, tuvo que mantenerlos espiritualmente también, y así, la Conciencia del Viajero Místico ha sido siempre un guía espiritual en cada plano por sobre lo físico. El Viajero trabaja con el Alma, despertándola a su destino divino.

Todas las Almas provienen de Dios. Cada uno tiene la esencia de Dios dentro de sí. Eso es el Alma: una esencia de Dios. Hay personas que piensan que el Alma sufre de problemas, porque observan los planos negativos debajo del Alma. El Alma no tiene problemas. Siendo una esencia de Dios, el Alma no puede autodestruirse, porque Dios no se destruiría a sí mismo. Y, cuando llegue el momento, cada ser humano se dará cuenta de que es, en realidad, el Alma y no los niveles inferiores de conciencia.

Por ejemplo, una persona que vive en Cartagena puede considerarse cartaginense, pero luego, cuando se vuelve más objetivo, se considera colombiano. Si sigue elevando su visión, podría identificarse como suramericano; como un habitante del hemisferio occidental, un ciudadano del mundo, un miembro del universo, una criatura de Dios.

Como puedes ver, no importa con qué plano inferior nos identifiquemos, sea que liguemos nuestro ego a nuestra raza, a nuestro género, a nuestra nacionalidad, a nuestra cuenta bancaria, a nuestra profesión, a nuestro pasatiempo, a nuestras habilidades físicas o mentales, cuando llegamos al fondo del asunto (o, en realidad, a la cima), todos somos la misma cosa, *una criatura de Dios,* y nuestro verdadero hogar está en el reino del Alma. Todos los planos por debajo de ella, para cada uno de nosotros son simplemente planos de aprendizaje, diseñados para ayudarnos a regresar a donde partimos, al origen, al Yo Soy El que Soy.

Lo que se conoce como la Conciencia del Viajero Místico surge en el nivel de Dios. Ésa es la conciencia que yo llevo actualmente. El Viajero está consciente en todos los niveles simultáneamente. Tiene autoridad y poder sobre todo lo existente en cada uno de los planos, descendiendo hasta lo físico. En el plano físico, no la tiene. Muchos de los Viajeros Místicos cuando llegan al plano físico son crucificados o asesinados. (Yo no soy candidato a eso; solamente te estoy dando información sobre la historia espiritual).

Este YO SOY es otro sinónimo para el Viajero Místico y el Alma. Está presente en todos, pero no todos están conscientes de ello. En cada uno de estos planos inferiores hay un Señor o Dios. Cristo vino como uno de ellos. También hay un Cristo en cada nivel. Hay un Cristo acá en el plano físico. Su nombre físico fue Jesús, pero ése no era su verdadero nombre. Su verdadero nombre espiritual podría ser Yo Soy del Yo Soy.

Para trascender el reino etérico, a través del vacío hacia el reino del Alma, es de fundamental importancia trabajar con la Conciencia del Viajero Místico como guía. Para atravesar el vacío etérico hasta el reino del Alma, tienes que poder pasar por el canal Rukmini. La Conciencia del Viajero Místico, que trabaja simultáneamente en todos los niveles por encima del físico, será lo que te favorecerá cuando San Pedro revise tus archivos kármicos, especialmente si eres un iniciado del Viajero.

A los iniciados del Viajero se les entrega el nombre del Señor de cada reino cuando son iniciados a ese nivel; y cuando el iniciado entona ese nombre, la vibración de ese Señor presenta el Ello de Sí Mismo. Luego, el iniciado viaja en esa energía a través de ese plano bajo la protección de ese Señor, *que es en realidad el Viajero Místico de ese reino.*

Por lo general, recibes tu iniciación astral cuando ves al Viajero por primera vez (en persona o en sueños, que es lo más común, o lo escuchas en una grabación de audio o lo ves en un video, o alguien te habla de él). En ese momento tienes dos opciones: ya sea trabajar conscientemente con el Viajero para despejar el karma y trascender al Alma en esta vida, o dejar pasar la oportunidad. Si no lo eliges en esta vida, tendrás muchas oportunidades más en encarnaciones futuras. Mientras exista un planeta físico, siempre existirá una Conciencia del Viajero Místico para guiar a aquéllos que elijan hacer lo necesario para llegar al Alma.

Cuando la mayor parte del karma está resuelta en el plano astral, eres iniciado al plano siguiente (véase la sección que trata sobre la Iniciación), y se te entregan nombres adicionales del Señor para entonar. Hay un total de cinco nombres. Cuando recibes el quinto nombre, ése es el reino del Alma.

El Viajero Místico escucha tu cántico, y como Señor del reino de tu conciencia espiritual presente (y más arriba), te entrega energía en respuesta. Tiene muchos nombres: Jehováh, Jesucristo, Alá, Rama, Krishna, los que dependen del condicionamiento y del vocabulario de tu propia cultura o de tu país. Una tribu de indios americanos podría llamarlo Manitú. Es el mismo ser, el mismo Dios. Hay por lo menos ciento ocho nombres para el Señor.

La Conciencia del Viajero tiene un cuerpo en cada plano, en cada universo, en cada planeta. Aun antes de que esta Tierra existiera, había otros planetas en su lugar, y el Viajero estaba presente. Hay Almas que existen en otros sistemas solares, en otras galaxias, que además pueden viajar a este universo. El Viajero tambien esta ahí para ellas.

En la época actual, en un planeta llamado Tierra, el Viajero Místico fundó el Movimiento del Sendero Interno del Alma (MSIA) como parte de su método para llegar en el Espíritu a la gente a nivel físico y trabajar con aquellos que quieran, ayudándoles a trascender hasta el reino del Alma.

Hay personas que pueden estar en el MSIA sólo para informarse; en otras palabras, no trabajan con el Viajero en los planos espirituales de ascensión. Quieren conseguir datos intelectuales por mera satisfacción de ese nivel, que sigue estando en los reinos negativos. No tengo problema con eso. Sólo que si se supiera la verdad (y se sabe), no hay satisfacción esencial en los niveles por debajo del Alma. En este plano físico no se encuentra la satisfacción permanente.

En el plano del Alma, la satisfacción no es tema, porque no existe nada negativo para usarlo de comparación. En el Alma, el estado natural y eterno es un bienestar activo del ser.

El Viajero ofrece una técnica para conectarse con el Alma y traer a esa conciencia aquí, al plano físico. Se trata de los ejercicios espirituales, también llamados e.e.'s. Las personas que están interesadas en trascender estos reinos inferiores de una manera comprometida en acción y obra, trabajan con el Viajero por medio del proceso de los e.e.'s, cantando sus tonos iniciatorios y brindando servicio a otros.

La energía del Viajero es la esencia del Espíritu, y no se impone ni va adonde no la invitan. A medida que tu conciencia crezca, podrás despertar a la Conciencia del Viajero Místico, no como a una fuerza externa, sino como a algo que ya existe en ti. La energía del Viajero se encarga de que tomes conciencia de aquello que es tu herencia divina.

Contrario a lo que sucede con las leyes del nivel físico, en el Espíritu, mientras más usas la guía del Viajero, más obtienes. Mientras mayor sea tu despertar al Viajero dentro de ti, mayores serán los niveles de trascendencia. En este plano físico, la energía del Viajero se expresa como amor incondicional; mientras más das, más recibes.

La razón de que yo te sugiera que aproveches la guía del Viajero es simplemente porque te amo. Por mi amor hacia ti, quiero aquello que sea para tu mayor bien. Al participar con el Viajero sólo puedes perder lo que es negativo y pasajero, y puedes ganar únicamente lo que es positivo y eterno. Aquellos seres que trascienden estos niveles hasta el reino de Dios y que viven eternamente en el Alma, en verdad son bendecidos con lo que es para el mayor bien.

Los Ejercicios Espirituales

Los ejercicios espirituales, que es la técnica que le permite al Viajero trabajar contigo, es un proceso activo que fortalece el Alma en cada nivel de ascensión, haciendo despertar al Alma a una energía activa, dinámica y amorosa. Cuando participas en la espiral ascendente de los ejercicios espirituales, al momento de alcanzar el plano del Alma vas a una velocidad tan alta, que ya no puedes caer, a menos que tú lo elijas, lo que implicaría eliminar la expresión que te condujo hasta allí, o sea, los ejercicios espirituales y el servicio, expresado a una frecuencia vibratoria de amor incondicional.

En otros caminos espirituales, la meditación es una técnica muy importante. Se trata de un proceso que requiere de una cierta postura física y de un esfuerzo para quedarse quieto. Es difícil estar quieto cuando se posee una mente. Puede que la meta de la meditación sea aquietar la mente, y cuando esto se logra, si es que se llega a conseguir, el que medita puede solamente ascender hasta el reino *etérico*. Por el contrario, cuando llamas a la puerta del reino del Alma, hay mucha acción en vez de quietud, porque el Alma es activa. No puedes atravesar la puerta o el canal Rukmini en un estado quieto y pasivo; es decir, no puedes alcanzar el reino del Alma con la técnica de la meditación.

No malinterpretes mis comentarios como negativos respecto a la meditación. Encuentro esa técnica útil para bajar la presión sanguínea y relajarse en el plano físico. Por medio de la meditación, una persona también puede evolucionar hasta el plano etérico. Y eso tiene mucho valor; sin embargo, incluso alcanzando el etérico, el Alma debe volver a reencarnar en el planeta Tierra. Sólo cuando alcanzas el reino del Alma llegas al primer reino positivo, también conocido como tu hogar verdadero. La meditación no cumple con ese propósito. Pero los ejercicios espirituales sí, porque están diseñados con la intención específica de sacarte para siempre del planeta. Y eso es bueno.

Al entonar tus tonos (los nombres antiguos de Dios), puedes liberar suficiente karma como para evolucionar a cada uno de los planos sucesivos. No lo logras gracias a tu habilidad mental, física o creativa. Concretamente lo consigues dedicando tiempo, aplicando amorosidad y concentrándote en mantener la disciplina requerida.

Cuando los ejercicios espirituales son puros, sólo necesitan hacerse durante 15 minutos diarios; pero son pocos los mortales capaces de hacer ejercicios espirituales puros. Cuando digo puros, me refiero a hacerlos con total concentración y completa devoción amorosa. La mayoría de los discípulos del Espíritu necesitan dos horas al día simplemente para poder lograr esos 15 minutos. Recomiendo que esas dos horas se hagan seguidas, a fin de que la energía se acumule y se pueda pasar más allá del constante parloteo de la mente.

Puede ser difícil hacer dos horas de ejercicios espirituales para un principiante. Te sugiero que no te programes para fracasar. Si recién estás empezando, hazlos inicialmente durante 40 minutos. Luego, a medida que pase el tiempo, aumenta a 60 minutos. Durante dos o tres meses sigue aumentando el tiempo, hasta que te hayas entrenado para sentarte a hacerlos durante dos horas. ¿Difícil? Sí. ¿Vale la pena? Sólo si tienes interés en una existencia de dicha eterna.

La mente puede ser un mecanismo maravilloso, siempre que te guste mentalizar y estés dispuesto a limitarte a este plano físico. Pero cuando reconoces que existe mucho más que las limitaciones de este plano físico, haces lo que esté a tu alcance para sobrepasar la mente. La mente, que es astuta, hará cualquier cosa para distraerte e impedir que la sobrepases, ya que sabe que la dejarás atrás, porque ella no puede llegar hasta el Alma.

Es un juego extraordinario. Extraordinario, si eres capaz de apreciar la paradoja, si tienes sentido del humor, y si amas a tu mente mientras le dices: "Adiós, estoy entonando mi tono; nos vemos más tarde". No es tan extraordinario si cedes a tu mente y dices: "Adiós, reino del Alma; me voy a quedar aquí abajo, en la tierra de las ilusiones físicas y mentales". Aquí también, como en todo lo relacionado con el Viajero, tu decides. No es cuestión de lavado de cerebro; sino más bien una cuestión de *observación* del cerebro.

Entonar tu tono iniciatorio o el Ani-Hu (pronunciado "anai-jiú", en español, y que significa empatía/Dios), te abre al amor que eres, independiente de las condiciones de tu mundo físico. Te sugiero que entones durante unos 20 minutos y que a continuación escuches durante otros 20 minutos. A veces, el escuchar será sólo oír el parloteo de la mente y, otras, oirás o verás diferentes cosas, como palabras, frases, imágenes y sonidos.

No te desanimes si nada ocurre. El solo hecho de sentarte y hacer ejercicios espirituales es un acontecimiento que vale la pena en sí y por sí mismo. Con el tiempo, serás capaz de tomar conciencia de la información (feedback) que viene del Espíritu. Hasta que logres esa sintonización fina, debes saber que el simple acto de hacer ejercicos espirituales es perfecto. De hecho, ése es el acontecimiento más importante en tu compromiso de brindarte a ti mismo el regalo de Dios.

La Corriente del Sonido

Hay un Sonido de Dios en cada plano, conocido también como Corriente del Sonido. El Sonido es una forma muy elevada de la realidad máxima. Una vez que alcanzas el reino del Alma y sigues más arriba, la Luz no se ve exactamente de la misma manera que en los reinos inferiores. Se imprime en ti y se escucha. Es primeramente Sonido, y luego Luz.

Por ende, en cada nivel de Luz, en cada plano, en cada dimensión, hay un guardián de la Corriente del Sonido. Designado por Sat Nam, es quien ha recibido las llaves de la Corriente del Sonido y es conocido como la Conciencia del Viajero Místico. El Viajero tiene las llaves para el fluir de la Luz y de la Corriente del Sonido en cada reino.

Puedes trabajar con la Luz, que es una esencia del Espíritu, invocándola; y si has estado practicando (haciendo ejercicios espirituales y sirviendo), ella vendrá a trabajar contigo.

La Corriente del Sonido no trabaja necesariamente al invocarla. Con la Corriente del Sonido *tú* tienes que trasladar *tu* conciencia hacia ella, para que esto se realice; no ocurre por desearlo. No puedes convertirla en realidad, ya sea deseándola o imaginándola. De hecho, la imaginación no está involucrada en este proceso.

Hay distintos sonidos que acompañan a los diferentes planos. Sólo por el hecho de haber leído que el sonido en el plano del Alma es semejante al sonido imperecedero de una flauta, eso no significa que lo vayas a escuchar. Puedes simularlo con tu imaginación y eso es lo que será: una simulación imaginada. Escuchar la Corriente del Sonido es escuchar la Corriente del Sonido, y no es un acto de imaginación creativa. La Corriente del Sonido es una forma audible de la realidad en los planos internos. La parte dentro de ti, que hace los ejercicios espirituales con una base espiritual, no puede ser engañada o manipulada. Escucharás los sonidos cuando los escuches. Se te ofrece esta información simplemente para que puedas validar tu experiencia cuando ésta ocurra.

No te presiones ni juzgues la calidad de tus e.e.'s dependiendo de si oyes sonidos, ves colores o tienes alguna otra experiencia. Estás haciendo los e.e.'s correctamente cuando los haces. La calidad mejora si mantienes una disciplina sistemática durante un período de tiempo (quizás meses, años o décadas), y depende de la profundidad del amor que expreses mientras entonas tu tono. Realmente no hay una manera incorrecta de hacer los e.e.'s, excepto no hacerlos.

Cuando has practicado los ejercicios espirituales lo suficiente como para viajar verdaderamente en el Alma, el regreso a este plano físico de existencia a veces es difícil. (Cuando tu conciencia vuelve de los e.e.'s y de los viajes del Alma, puede que escuches un sonido estridente como un "pop"; también puede sentirse como un golpe a la puerta o un portazo). Cuando abres los ojos y te inundan las imágenes físicas, acompañadas de las preocupaciones del plano físico, puede que experimentes este plano como burdo y poco atractivo. Sólo recuérdate a ti mismo que estás aquí, en este plano físico, para resolver los problemas con una conciencia amorosa.

Con el tiempo podrás integrar el mundo espiritual con el físico. Las experiencias que tengas en los planos espirituales, desde colores hasta sonidos, podrás usarlas como marco de referencia que te fortalecerá para relacionarte en el plano físico. Una pauta que funciona para ambos planos, es la aceptación. Acepta sin juicio lo que suceda en el plano físico y estarás en condiciones de manejar los cosas con un éxito nunca antes visto. De la misma manera en el Espíritu, acepta por igual lo que ocurra y lo que no ocurra, sin emitir juicios, y esa aceptación contribuirá a tu progreso espiritual.

Hay momentos en te gustaría tener información mental sobre el Espíritu. Voy a compartir esa información contigo, pero debes saber que solamente es eso: información. El plano mental no es el Alma. Una vez que experimentes la verdad de esta información, ésta se convertirá en tu próximo peldaño hacia el reino inmediatamente superior. Te daré detalles de los sonidos y de los colores en los diferentes planos, tanto aquí como en el Gráfico de los Reinos (al final del libro). Es algo que *no* es necesario que memorices. Lo único que tienes que hacer es participar en el proceso de los e.e.'s y hacer servicio y, durante los ejercicios espirituales, tomarte un tiempo para entonar y otro para escuchar. A su debido tiempo escucharás y verás lo que corresponda, pero no ocurrirá necesariamente cuando tú lo desees, sino en el momento que determine el Espíritu, que siempre es perfecto.

En el nivel astral, la Corriente del Sonido es semejante al rugir del oleaje en el mar.

En el nivel causal, es el tañido o tintineo de campanillas, un sonido muy suave y delicado.

En el nivel mental, es como el agua que corre o como un arroyo algo revuelto.

En el nivel etérico, es un zumbido como el de una abeja o una mosca.

En el Alma, hay un sonido como de flautas, pero no de una flauta común. Es un sonido persistente y casi seductor. No te va a arrastrar o a tironear, pues no opondrás resistencia. Tú *irás* hacia él. Ése es el sonido al que se refiere la Biblia cuando dice: "En el principio era el verbo, y el verbo estaba con Dios y el verbo era Dios".[7] Éste es un sonido que proviene del plano del Alma de Dios, que existe por siempre en toda persona. Para poderlo escuchar, sólo hay que tomar conciencia de aquello que proviene del Alma.

Hay por lo menos veintisiete niveles por sobre el Alma, con sus correspondientes sonidos. Cuando as-

---

7. Juan 1:1 Versión Reina-Valera

ciendes al primer nivel, el sonido es como el de una brisa fresca de verano que sopla a través de los árboles que se mecen con facilidad.

Por encima de ese nivel se siente como el sonido de miles de violines o como un coro de ángeles. Es ese hermoso sonido que se ha descrito tantas veces en la mitología griega. En la literatura, a lo largo de todos los tiempos, existen alegorías del Sonido de Dios y del Sonido que emana de los cielos. Cuando Jesús dijo: "El viento sopla donde quiere; y nadie sabe de dónde viene ni adónde va"[8], se estaba refiriendo al Sonido de Dios.

Cuando asciendes más arriba del tercer nivel del Alma, a los niveles inaccesibles, escuchas el sonido HU (jiú). Sólo el sonido HU (jiú). También existen sonidos por sobre ése, pero imposibles de describirse en palabras ni de reproducirse con la voz HU-mana. Son sonidos internos, que no son posibles de describirse en el plano físico.

8. Juan 3:8 Versión Reina-Valera

La Liberación Espiritual

Si sientes grandes deseos de experimentar la Corriente del Sonido en estos niveles inferiores, eso podría motivarte a hacer lo que fuera para lograrlo. Sólo tú eres responsable de ti mismo, de tus acciones y de tu progreso personal. No hay nadie que lo pueda hacer por ti. El Viajero Místico podría ayudarte brindándote fortaleza y guía, pero ni el Viajero ni ningún otro maestro, por grande que sea, puede hacerlo por ti. En algún momento espiritual, serás tú quien deba dar el paso hacia el Espíritu de tu verdadero ser. Sí; incluso en este plano físico eres capaz de alcanzar la liberación o la libertad en el Espíritu.

Las palabras no te harán libre. Ni las tuyas, ni las mías, y tampoco te liberarán las palabras de ninguno de los sabios, ríshis, gurúes, santos y mártires. Ni siquiera las acciones físicas te harán libre, aunque te despejarán el camino hacia la libertad. Lo que te hace libre es que tú experimentes y reclames tu propia libertad. Al expresarte libremente, creas libertad. La libertad es un estado del ser, un estado de existencia. La libertad está aquí y ahora.

Necesitas practicar si estás leyendo esto y te distraes de la experiencia que podrías obtener con la lectura. Practica la acción de concentrarte en algo. Coloca tu intelecto, tus emociones, tu cuerpo, todo tu ser en el aquí y el ahora. Cuando te ubicas en el único lugar en que existe el Espíritu, que es aquí y ahora, te abres a tu libertad. Si esperas la dispensa del Espíritu, o tu divorcio, o que te cambies de casa, o que tus hijos crezcan y se vayan de casa, o que bajes de peso, te aumenten el sueldo, o cuando quiera que sea, vas a tener que esperar hasta cuando quiera que sea, lo cual puede ser en cuatro encarnaciones más.

La liberación espiritual está a tu disposición aquí y en este mismo momento. Usa tu propia conciencia y, si necesitas ayuda, trabaja con la Conciencia del Viajero Místico. El Viajero no puede transgredir tu conciencia. Te dará las llaves tan pronto te abras a recibirlas. Algunos, en su deseo imperioso de progresar espiritualmente, pueden determinar que ya están listos. Eso puedo entenderlo y empatizar con ellos. También sé que el Espíritu lo sabe, independientemente de tus deseos genuinos o de tu ego.

Si te acercas al Viajero con una actitud engañosa o con tu ego, se te van a devolver tanto el engaño como el ego. Recibirás tu porción de ego y de engaño hasta que reconozcas ese proceso y dejes de crearlo. La Conciencia del Viajero Místico te refleja exactamente lo que tú exteriorizas. Si exiges verdad, demuestra verdad. Si exiges verdad pero practicas la mentira, tus acciones hablarán más fuerte que tus palabras y la mentira golpeará a tu puerta.

Aquellos que tuvieron las llaves de la Luz y del Sonido en los tiempos bíblicos son la fuerza maestra de la libertad que trabaja con el Viajero ahora mismo. Todas las fuerzas del Espíritu están trabajando contigo con un propósito específico: que despiertes totalmente a aquello que ya es, a la Luz y el Sonido de Dios que están dentro de ti en este mismo momento.

Si puedes entender esto, también serás capaz de entender que los problemas que culpas de impedirte experimentar tu propia dicha, son situaciones que en realidad pueden resolverse en cuanto estés dispuesto a hacer lo necesario para experimentar la presencia del Espíritu. Cuando esto ocurra, estarás preparado para experimentar la Corriente del Sonido.

Estás más abierto a recibir las enseñanzas internas al conectarte con la Corriente del Sonido. Las enseñanzas internas te despejan y fortalecen en el Espíritu, y entonces podrás conectarte a la Corriente del Sonido en niveles aún más elevados.

Algunas personas tienen dificultades con esto porque le dan crédito a la mente, que no comprende esta experiencia. Esta experiencia es incomprensible desde el punto de vista mental. Estoy hablando del reino del Alma, muy por encima de los niveles negativos del reino mental. Si la mente te dice que lo que estás experimentando (la Corriente del Sonido) es sólo una ilusión, te sugiero que no le hagas caso y le digas: "¡Y qué! Llámalo como quieras", porque si es la Corriente del Sonido, la llames ilusión o abracadabra, independiente del nombre, la experiencia se manifestará como un nivel de gozo y de esencia que es el hogar, cuyos dominios están en el reino del Alma y su regente es Dios.

Te conviene trabajar el proceso espiritual yendo más allá de las resistencias de la mente. En la medida en que te disciplines en tener confianza, la mente finalmente no tendrá otra alternativa que hacerse a un lado y dejar que gobiernen las fuerzas superiores. Para recibir la Corriente del Sonido, ábrete a recibirla. Reconoce y acepta que eres una criatura de Dios y que mereces ser uno con las fuerzas más elevadas del amor. Junto con hacer este reconocimiento, comprométete a mantener una disciplina; es decir, literalmente, a sentarte y hacer tus ejercicios espirituales como un hábito creado por el ser consciente, respetado por el ser básico y apoyado por el ser superior.

Haz esto y la única ganancia que obtendrás serás Tú Mismo.

Los colores de los Reinos

Cuando el Sonido de Dios desciende y se manifiesta, puede crear un color que podría verse como una llama. En el plano astral, la llama puede tener rosado y dorado. Eso es lo que pasó en los tiempos de Pentecostés, cuando descendieron los vientos del cielo y los colores se manifestaron sobre los discípulos. Fue el Espíritu Santo, quien se manifestó a través de la Luz magnética. (Véase el Gráfico de los Reinos, al final del libro.)

El color del reino físico es el verde.

En el astral, es rosado o rosa.

En el causal, es naranja o salmón pálido.

En el mental, es azul.

En el etérico, es violeta púrpura.

En el nivel del Alma hay una gradación de colores: dorado, dorado suave, oro pálido y transparente.

El Viajero Místico, que se origina por sobre el Alma, se presenta en el color violeta para poder ser visto, y también se trasmuta al siguiente nivel, más arriba y más abajo, simultáneamente.

Cómo Entonar Tu Tono

La mejor hora para entonar puede ser entre las tres y las cinco de la madrugada; aunque también conozco a muchas personas que logran un hermoso progreso espiritual entonando entre las seis y las ocho de la mañana. Pero lo más importante es que entones los nombres sagrados de Dios realmente todos los días, durante un lapso de tiempo consistente. A medida que entonas, logras más en el mundo espiritual, lo que es conmutable; es decir, puede ser aprovechado como parte de tu expresión física.

A veces, puede que tengas la experiencia de conectarte con el Alma y volver a este plano pero que no la recuerdes. Sólo sabes, sientes o intuyes que, de hecho, ocurrió algo. En el Movimiento del Sendero Interno del Alma trabajamos expandiendo nuestra conciencia hasta el Alma y de vuelta, de modo que cuando regresemos a este nivel, estemos conscientes de nuestras experiencias espirituales.

Para hacerlo, no es cuestión de usar la energía de un patrón de memoria común y corriente. Es una técnica nueva y, sin embargo, antigua; con ella, el Alma se extiende como un vórtice de energía una y otra vez, cada vez más, hasta que aprendes a permanecer en el Alma y en todos los otros planos simultáneamente. Puedes estar totalmente presente aquí y ahora y estar, al mismo tiempo, en el físico y en el Alma.

Así como el Viajero reside en todos los planos, también hay una Conciencia Crística en cada plano. El destino divino de toda persona es participar de esa conciencia, conscientemente. En realidad, ya lo haces. Mi trabajo como Viajero Místico es simplemente despertarte a lo que ya es.

Conozco solamente una forma que asegura tu co-creación en este continuo despertar: los ejercicios espirituales.

Independiente de tus medios económicos y de cuánto dinero puedas invertir en inyecciones rejuvenecedoras en Suiza o en México, igual el cuerpo se deteriorará y en polvo se convertirá. En el mundo espiritual, cualquier cosa que hagas, por mínima que sea, sobrevivirá a cualquier cosa que hagas en el mundo material. El Espíritu no puede ser destruido. A pesar de todos los esfuerzos que se hagan, el cuerpo morirá conforme a la ley kármica.

Si estás trabajando con el Viajero Místico, él trabajará contigo para que despejes absolutamente todo tu karma en esta vida, dándote la posibilidad de completar tu destino y regresar al corazón de Dios para toda la eternidad. Esto implica trabajo. No es cuestión de que logres el despeje dos minutos antes de morir. Debes crear el espacio para que el Viajero trabaje contigo, lo que se hace sirviendo, expresando amor incondicional y entonando tu tono.

La Jerarquía Espiritual

Has alcanzado una sintonización espiritual en tu ser cuando el cuerpo, la mente y el espíritu están en armonía. No es necesario que adivines si eso te ocurre y cuándo. No se trata de adivinar, pues lo sabrás por experiencia. Cuando experimentas la presencia del Espíritu en ti, se produce siempre un efecto lateral: se llama dicha. Cuando estás en armonía, sientes dicha junto a su compañera, una sensación de paz.

Ésta no es la paz estática de la nada; más bien es el tipo de quietud que existe en el fluir universal. No es la paz en la que no se aprende. Ésa no es paz; es muerte. En la paz del Espíritu también hay que limar asperezas. Se produce un proceso de perfeccionamiento constante.

Cuando estás en armonía espiritual, tú eres el que es. Eres una parte destacada del fluir cósmico de esta inteligencia universal y cooperas con la jerarquía espiritual del planeta.

La siguiente información acerca de la jerarquía espiritual es algo técnica. No se trata de que te la aprendas de memoria, porque el examen posterior no contiene preguntas de detalle, sino que te ofrece experiencias para tu aprendizaje. Te aconsejo que no uses el hecho de que sepas esta información para validar tu progreso espiritual o ver cuán alto has llegado espiritualmente. La verdadera validación se da en la dicha que se experimenta y no con los datos intelectuales. Entonces, ¿por qué compartirte los detalles? Porque hay una parte de ti a la que le gusta la información esotérica, y si puedo satisfacerla y tal vez abrir un poco más tu corazón al hacerlo, vale la pena que lo haga.

A tu alrededor hay energías invisibles conocidas como cuerpos eléctricos. Visualízalo como cinco círculos alrededor de tu cuerpo físico. Los cinco círculos se ocupan de diferentes partes de quien tú eres.

Uno se ocupa de cosas tales como de tu última reencarnación. (En realidad, sólo encarnas una vez; después de eso, te reincorporas o vuelves a tener un cuerpo). De hecho, tu última reencarnación puede haber ocurrido 400.000 años atrás.

Otra forma de energía se relaciona con tu historia actual, con quien tú eres a partir de tu primera respiración física, del momento en que el Espíritu entró en ti y te convertiste en un ser consciente y vivo en este plano físico.

Hay otro círculo de energía que tiene que ver con tu parte creativa, y abarca desde tu crecimiento artístico hasta el filosófico.

Otro círculo se ocupa de tu progreso espiritual.

Finalmente, está el círculo maestro de energía, algo así como el director ejecutivo a cargo de todos ellos.

Este grupo de cinco círculos, el quinteto o banda que se te ha asignado, es tu campo de influencia y cada uno te sirve de conmutador. Tu cuerpo se quemaría si los rayos cósmicos que llegan a este universo no pasaran a través de esos conmutadores. Ellos te proporcionan energía de acuerdo con lo que tengas que hacer en esta vida. Los cinco están totalmente conscientes y cooperan con tu misión durante esta vida.

Sobre la banda hay instructores o ángeles guardianes. En vidas pasadas, muchas personas han sido parte de un grupo de ángeles guardianes. Lo interesante es que, en algún nivel, tú recuerdas esa actividad. Cuando caminas por la calle, viajas en bus, o vas al supermercado, puede que veas a alguien que estás seguro no haber visto antes, pero con quien sientes una gran afinidad. Te invade una urgencia, casi como una atracción amorosa, y sientes que conoces a esa persona de una manera profunda, aun cuando no la has visto nunca. Ella puede haber sido parte de tu grupo de ángeles guardianes en una vida anterior. Si te acercas y se lo dices, es posible que llame a un policía y te haga arrestar. Te sugiero que sólo dejes que tu corazón reconozca el hecho con alegría y que disfrutes del momento.

Cuando haces ejercicios espirituales o meditas, con frecuencia haces contacto directo con tu banda. Si te enfocas en una visión en particular, dependiendo de tu cultura o de tu educación religiosa, podrías ver una imagen del Buda, de Jesús o del Dios Maitreya. Esas son proyecciones tuyas, y está bien, porque cada una de ellas representa el trabajo sagrado del Espíritu. Como escribió uno de los Viajeros: "Una flor, cualquiera sea su nombre, tendrá siempre un dulce aroma".

Por lo general, hay un instructor para 125.000 bandas aproximadamente. En otras palabras, como cada persona posee un banda de cinco, mucha gente comparte el mismo instructor en el Espíritu. Quien sea el instructor, no le incumbe ni a la banda ni a ti.

Solemos considerar y describir a los instructores del Espíritu en términos superlativos. Está bien que ames a tu instructor en conciencia espiritual. En el corazón espiritual, la devoción hacia un instructor puede ser algo positivo y servir para elevarte. Sin embargo, si el amor que se siente es de tipo emocional, el mismo puede convertirse en una trampa. Si veneras y amas a tu instructor de una manera tan emocional, ¿qué sucede si el instructor muere? Podrías quedarte atrapado con todas tus emociones en el reino causal. El estilo del Espíritu es enfatizar las enseñanzas y no al instructor. Yo sugiero que la manera más efectiva de demuestrarle amor y devoción a tu instructor es siendo un ejemplo de sus enseñanzas.

La Frecuencia Armónica del Espíritu

Cuando te involucras en un acontecimiento que se ha detenido en el tiempo y entras en su frecuencia, lo puedes controlar. Pero si te involucras en un acontecimiento que fluye en el tiempo y no entras en su frecuencia armónica, éste te controla a ti. En esas ocasiones experimentas una sensación de impotencia que puede manifestarse como depresión o ira. Esta situación se da con mayor frecuencia en las relaciones interpersonales. Debido a que no entras en la frecuencia armónica, te gobierna tu falta de equilibrio y, por ende, te resientes contra la situación, sintiéndote deprimido, enojado o herido.

La primera ley del Espíritu es la aceptación, porque es en el acto de aceptar que logramos un equilibrio armonioso. Cuando juzgamos a alguien o algo, estamos rechazando la frecuencia armónica de ese ser o de ese hecho y, al rechazarlo, perdemos el equilibrio. Cuando entras en una frecuencia de tiempo y de sucesos que no corresponde con la de otra persona, y lanzas contra esa persona tu propia frecuencia, caes en un estado de desarmonía o discordia; es lo que se conoce como guerra, pelea, agresión y divorcio.

Te espiritualizas automáticamente si permites que tu libertad interna fluya con la energía cósmica tal *como se presenta a través de la otra persona*, aunque no necesariamente te guste. Lo que sigue es la explicación científica espiritual de la aceptación y del amor incondicional. La fórmula científica podría verse así: **A + AI = S + R + F** (Aceptación más Amor Incondicional es igual a Salud, Riqueza y Felicidad).

Por supuesto, lo que hay que hacer con cualquier teoría, como los científicos bien lo saben, es diseñar una serie de pruebas para ver si ésta es válida. Las pruebas consisten en aplicar la teoría en diferentes circunstancias, para determinar la validez de la fórmula.

Te sugiero que actúes como un científico espiritual y que pongas a prueba la teoría de la aceptación y el amor incondicional. Para convertirla en una prueba verdadera, tienes que correr riesgos. No te vayas tan a la segura y la apliques solamente en tu hijo, tu perro y otras criaturas adorables, que son bastante seguras y no implicarán un desafío para la teoría. Ponla a prueba con tu pareja cuando estés a punto de caer en una discusión rutinaria de egos, de esas en que "Tú dijiste" y "Yo te dije". Aplícala también con tu jefe o, en particular, con ese colega en el trabajo que ha expresado un punto de vista diferente al tuyo. Sé un científico, conscientemente. Convierte al mundo en tu laboratorio y a cada ser en un conejillo de indias, y observa cómo se comporta la teoría **A + AI = S + R + F**.

El peligro en esta comprobación no es que la teoría no esté a la altura de la prueba, sino que el científico no esté a la altura de la teoría. Porque, después, podrías culpar a la teoría de tu fracaso, siendo que desde un principio fuiste tú quien eligió no aplicar **A + AI**, y terminas maldiciendo tu suerte porque no estás cosechando **S + R + F**. Si es que saberlo te hace sentir un poco mejor, no serás una excepción. Te lo digo por si te sirve de consuelo, como afirma el dicho.

La Escuela del Rechazo

Parece que a la gente se le ha enseñado a elegir el rechazo. Ésa es la asombrosa naturaleza de esta escuela terrenal, en la que muchos hemos sido dóciles estudiantes. Por supuesto, también podemos escoger no sentir rechazo, pero eso requiere de mayor individualidad. Cuando elegimos dejar de lado el rechazo e ir tras **A + AI**, estamos accediendo a la banda positiva que nos rodea.

Sin embargo, debes saber que existe un correlato negativo. Esa banda invisible podría ser negativa, dependiendo de dónde decidas poner tu energía. En una sección más adelante, leerás acerca del Señor de este reino físico, Kal Niranjan: a este Señor de la negatividad también le gusta jugar en el reino astral, donde reside esta jerarquía. Incluso en relación con la banda de energía que te rodea, tu determinas la naturaleza de la influencia, sea positiva o negativa, y las armonías con las que ésta se sintonice.

En este planeta, que es la tierra de Kal, nos enseñan, nos estimulan y nos programan subliminalmente a elegir lo negativo. A menudo, en la existencia de la gente están implícitos el rechazo, el odio, la ira, el deseo desmedido y la avaricia, sin excepción, una y otra vez. (Es decir, vida tras vida).

Pero tú tienes otra alternativa, si tienes la valentía de elegirla. Y, como ya he dicho otras veces, hay que tener mucho valor para ver el rostro de Dios. Elegir la aceptación y el amor incondicional evoca ese equilibrio armónico que hace que valga la pena elegirlos. No lo sabrás hasta que no lo intentes. Entonces, cuando hayas disfrutado de la dicha y de la paz del Espíritu, sabrás que no existe otro camino.

Los Nueve Aspectos del Planeta Tierra

Los niveles espiritual, mental y físico son instancias que dependen del auspicio de una instancia mayor. La instancia principal es unir todos los niveles en ti, como la forma espiritual. Hasta ahora, nada de esto involucra al Alma, porque la jerarquía que he estado describiendo se circunscribe principalmente al plano astral. Si subes un poco más, al reino causal, debes aprender acerca de los nueve aspectos positivos de este planeta, que residen en ti, y que sólo se despiertan cuando los activas. Ellos son: el amor, la vida, la luz, la paz, el poder, la belleza, la dicha, la armonía y la abundancia.

Tu progreso espiritual puede que ya contenga diferentes elementos de estos aspectos. Si tu fluir kármico es conducirte hacia la abundancia, en verdad no podrás evitarlo. Abundancia no implica solamente dinero. La abundancia de la fuente espiritual se manifiesta en que todo lo que necesitas es puesto a tu disposición. Esto podría significar que tú mismo tendrás una gran cantidad de dinero, o que los fondos de otra persona cubrirán tus necesidades, o alternativas similares.

Potencialmente, podemos estar en la banda o espiral de cualquiera de estos aspectos y en la de todos ellos. Cualquier elección que hagas da inicio al fluir kármico. Comienzas a elevarte hacia dicha herencia una vez que te comprometes a cooperar con el Espíritu. El cliché de que las acciones hablan más que las palabras también se aplica a la jerarquía espiritual. Las acciones de **A + AI**, verdaderamente te elevan y te permiten acceder a tu herencia divina más fácilmente.

¿Puedes caer? Puedes apostar tu amoroso ego a que sí. Y la caída podría ser estrepitosa. Por ejemplo, al ir subiendo, es posible que pasaras al lado de un ser que está descendiendo y confundirlo con Dios porque, en el mundo espiritual verás su brillo, ya que acaba de salir de los reinos superiores. Pero la verdad es que *ese ser está descendiendo*. Puedes sentirte tan atraído por su resplandor que lo sigas hacia abajo, hasta aquí, a la tierra de la Luz reflejada.

¿Cómo evitarlo? Sintonizándote. Sintonízate internamente. Armonízate con la frecuencia del Espíritu y sabrás cuándo una fuerza está ascendiendo o descendiendo.

Los Tres Maestros

Por encima de los ángeles guardianes hay tres maestros que dirigen a los instructores. Dependiendo de la demografía, hay entre medio millón y cinco millones de instructores por cada maestro. Cada uno se ocupa de un área en el planeta, que se extiende desde el reino por sobre el físico hasta el etérico inclusive. A estos tres maestros se los llama, por lo general, jefes del concejo; otros grupos se refieren a ellos como el concejo kármico. Hay muy pocas personas con un cuerpo físico que han tenido acceso a niveles tan elevados como los del grupo de los ángeles guardianes. Jesús, Buda, Zoroastro y quizás otros pocos escogidos tuvieron acceso a eso.

Muchos de ellos atravesaron una etapa difícil hasta cumplir casi los cuarenta, que es cuando completaron el karma principal que tenían en el planeta. Entonces, fueron ascendidos del concejo, la banda que te rodea, a un concejo superior y, posteriormente, incluso más arriba, hasta instructores o maestros. Esto es poco común. La posibilidad existe, pero las probabilidades son remotas. Y no lo digo para desalentarte; sólo constato un hecho. Por ejemplo, si colocamos en tu mano un cable eléctrico caliente que conduzca un vatio de electricidad, podrías sostenerlo sintiendo una molestia mínima. Pero si aumentamos la potencia a 50.000 vatios, te asarás vivo. Eso es lo que te sucedería si ascendieces a la altura de los maestros.

Uno de los maestros es elegido como avatar. Por sobre dicho avatar hay un Logos o Dios del planeta, aunque ese Dios sigue estando en los reinos negativos. Si un individuo vive con mucha negatividad, puede labrarse el apoyo de los aspectos negativos de ese Dios, que se podría manifestar de muchas maneras, incluyendo a las posesiones (otra buena razón para centrarte sólo en lo positivo y conseguir también apoyo positivo).

La Palabra Mágica

Cosechas lo que siembras, lo que nos lleva a la palabra mágica en este planeta: actitud. Si tu actitud es de amor condicionado, eso es lo que recibirás a cambio. Estarás atrayendo desarmonía a tu ser si tu amor no alcanza para tus suegros, tu jefe, tu enemigo, tu amigo y para ti mismo. Si participas en ejercicios espirituales y entras al reino interno cargado de juicios contra los demás y contra ti mismo, lo harás en un estado de negatividad. Esto equivale a invitar a las fuerzas negativas a que se unan a ti y coman contigo en fuente de plata. Y, por algún tiempo, probablemente ambos tendrán que tragarse su orgullo.

Una vez que Kal se queda a cenar, lo que sucede es parecido a esa antigua obra de teatro llamada *El hombre que vino a cenar*: es casi imposible deshacerse de él. Puedes crear tu propio infierno en esta vida si adoptas una actitud de desmereciminto o de soberbia a costas de otro, y eliges el poder de la banda con negatividad. Un estado vigilante y de conciencia despierta puede ser un cliché que ignores en tu camino al infierno, o un comportamiento positivo en tu camino al Alma.

No te olvides que la jerarquía espiritual que he descrito opera desde los reinos negativos (inferiores) de conciencia. La jerarquía del planeta recibe sus instrucciones de niveles *inferiores* al reino del Alma, y esto incluye al avatar, a los maestros ascendidos, a la gran Hermandad Blanca y a todos los demás. Son seres maravillosos y resplandecientes, sin embargo, su dominio está en los reinos en los cuales tiene lugar la reencarnación. No se encuentran en la frecuencia vibratoria del reino del Alma.

Para dejar este planeta, *necesitamos* la asistencia de estos maestros, ángeles guardianes, avatares y dioses del planeta, pero para llegar al reino del Alma, necesitamos la guía de la Conciencia del Viajero Místico.

El Servicio

El Servicio es la forma más elevada de conciencia en el mundo físico. Cuando reconocemos nuestro amor por la humanidad, hacemos todo lo que esté a nuestro alcance para expresar ese amor a otros y con otros. Se llama servicio. El servicio del que estoy hablando no es tu ocupación. Tu expresión vocacional (por la cual recibes remuneración) generalmente satisface la ley kármica del planeta, que dice que te ganarás el pan con el sudor de tu frente. Eso es perfecto, pero no es el servicio al cual me refiero.

Servir es una expresión de amor en acción, sin ninguna demanda o expectativa de recibir una recompensa (monetaria o de otro tipo) a cambio. *El servicio es una recompensa en sí mismo.* Y, además, sus efectos secundarios son de dicha y elevación. La persona que hace servicio y trata de ser reconocido por hacerlo, limita el beneficio de la acción únicamente a darse a conocer por ella. La persona que lo hace en silencio, actuando con una conciencia amorosa y sólo por hacerlo, acumula Luz, la que neutraliza el karma negativo.

Toda esta teoría acerca del servicio sigue siendo una teoría, a menos que tú mismo la compruebes. Por lo general, el Viajero Místico dice: "No me creas. No tienes que tener fe en lo que digo. Haz la prueba tú mismo". La mejor manera de comprobar el valor del servicio es poniéndote al servicio de alguien o de algún grupo que no forme parte de tu vida cotidiana, a nivel doméstico o laboral. Visita una institución para ciegos y léeles. Ve a un hogar de ancianos y conversa con esas personas queridas y solitarias. Visita un hospital de lisiados y juega a las cartas con los internos. Anda a un hospital de niños, abrázalos y cuéntales un cuento. Transcribe textos, llena sobres, haz lo que se necesite en alguna organización, cuyo propósito sea compartir el amor incondicional. Cualquiera de estas acciones garantiza dos cosas: (1) brindas asistencia a los que la necesitan, (2) alivianas, facilitas y alegras tu propia vida y, como resultado, se la alegras a todo aquel que entre en contacto contigo.

El pasaje hacia los reinos superiores del Espíritu requiere de Luz y de liviandad. Cuando la gente percibe sus experiencias en forma negativa, se carga con una conciencia pesada y burda, que se enclava en este nivel físico. He visto a gente que hace eso en relación con el servicio. Hay personas que estando en un posición de servicio comienzan a sentirse como si estuvieran en una prisión. Es decir, en vez de usar el servicio como una expresión de entrega de Luz, la sienten como una carga pesada.

A menudo, la gente malinterpreta el concepto del servicio, sin darse cuenta de que es una forma activa de movilizar la conciencia espiritual, que sucede principalmente cuando se sirve con una actitud positiva. Y aunque puedas reaccionar diciendo: "¡Qué fastidio! Tengo que ayudarles otra vez", te serviría mucho más una actitud de: "Gracias a Dios que nuevamente puedo servir".

Estar al servicio es cuestión de ponerse en acción, sin otra intención que la de hacer libremente. La libertad está en servir en cualquier circunstancia, más allá de los sentimientos condicionados y del ego.

Los grandes maestros e instructores han venido a servir a los seres humanos. Ellos realmente son servidores y reconocen que ése es un privilegio concedido por Dios. Y lo ejemplifican sirviendo con una conciencia de amor y de dicha.

La oportunidad de servir se presenta en áreas y situaciones que tal vez tú no esperes. Aunque en este plano físico parezca no ser muy conveniente para ti, te sugiero que no desperdicies la oportunidad. Si estás dispuesto a servir, el Espíritu te brindará la forma de hacerlo. Pero si se presenta y tu actitud expresa: "Ay, eso no. Por lo demás, estoy ocupado este fin de semana", el Espíritu respetará lo que le digas y limitará tu servicio. Y también podrías quedar limitado en muchos otros niveles.

Abrazar al Espíritu es una acción muy específica, con técnicas comprobadas. Una de las llaves para abrir la puerta a una mayor libertad, dicha y abundancia en todos los niveles, es hacer todo lo que se requiera en las áreas necesitadas. El resultado será más amor, dicha y libertad *dentro* de ti. Otra consecuencia será más amor, dicha y libertad *fuera* de ti, en tus relaciones y en tus acciones. Descubrirás que la energía espiritual te permite ejecutar tareas que van más allá de tu capacidad condicionada en términos de tiempo y alcance.

Verifícalo. Inténtalo. Hazlo.

El servicio no es sólo una expresión altruista de hacer algo por los demás. Es una expresión divina de hacer algo por la fuerza amorosa de Dios en ti.

Llama al Recolector de Basura

Una vez que decides participar brindando servicio y haciendo e.e.'s, el Viajero recorre todos los niveles de tu ser y empieza a agitar las cosas; la basura kármica aflora y el Viajero la recoge. *El Viajero* es otro nombre para el recolector de basura, y en esta búsqueda espiritual, *basura* es otro nombre para el ego, la soberbia, los juicios y la negatividad contra los demás y contra ti mismo.

El Viajero no trabajará contigo limpiando tu basura, a menos que tú se lo pidas. Su contrato espiritual, por naturaleza propia, no se impone. Para conseguir el apoyo del Viajero, tienes que pedirlo en los e.e.'s y con actos de servicio. Debido a que tú y el Viajero son uno, obtendrás toda la acción y el apoyo que pidas y que seas capaz de manejar; pues, es un hecho que *Dios* nunca te da más de lo que puedes manejar.

Aquéllos que trabajen con un verdadero compromiso con el Viajero, trascenderán este plano y serán liberados de él en esta vida. Aquellos iniciados que flaqueen y en su expresión espiritual creen energía negativa de manera equivocada, pueden necesitar más vidas para llegar al corazón de Dios, que es su herencia divina.

En los orígenes, después de que se produjo la primera separación, y cuando la energía se expresaba en los planos inferiores lejos del reino del Alma, la idea era que el karma fuera compensado en tan sólo seis vidas. Sin embargo, se ignoró el plan divino y se brindó más energía a la mente y al ego que al Alma. Como resultado, el proceso de compensar karma y volver al corazón de Dios puede requerir ahora miles de existencias.

Cuando mueres en este nivel, puedes encarnar en otro nivel, como por ejemplo, en el reino causal, y es posible que allí crees karma, antes de volver a nacer en esta tierra. No obstante, algunos vuelven aquí rápidamente. Hay personas que se confunden ante la posibilidad de que su Alma encarne en otro plano distinto al de la Tierra. Esto se debe a que se ven a sí mismos como seres humanos y se imaginan que todas las encarnaciones tienen que ocurrir en este planeta, que es donde residen los seres humanos.

Pero su punto de vista está errado, porque el Alma no es un Alma humana sino sólo un Alma, y *puede* asumir cualquier forma. Nosotros, por nuestro ego, la llamamos Alma humana, pero eso no es correcto. Pensar que nuestro estado como seres humanos es lo máximo, es parte de la trampa de este plano físico. Si piensas que éste es el único nivel, o el principal, para tu existencia, seguirás creando reencarnaciones para ti en este plano.

Está bien si no eliges trascender estos planos inferiores con el Viajero ahora, y si tampoco eliges pedirlo. Pero como tu destino es la completación divina, a la larga vas a pedirlo. Puede que sea entre 25.000 y 28.000 vidas más, pero el momento llegará. El Espíritu parece no tener nunca prisa.

El Señor del Reino Físico

El mundo físico está sometido a otro Señor, llamado Lucifer o Satanás en la mayoría de las religiones cristianas. Su nombre espiritual es Kal Niranjan. Él es el Señor de este mundo y lo gobierna a su voluntad. No existe el diablo en forma física, porque no se le dio la oportunidad de tener un cuerpo, pero definitivamente existe la energía de Kal, e impregna este planeta. Esta energía negativa se manifiesta en los pensamientos y obras de individuos y grupos.

El infierno es algo similar. No es un lugar en el centro de la Tierra, sino un estado de conciencia. Te sugiero que no le restes importancia diciendo: "Bueno, si sólo es un estado de conciencia, no tengo de qué preocuparme". Definitivamente hay que considerar con plena conciencia las condiciones infernales que se crean a partir de determinados estados de conciencia. La vigilancia eterna es una precaución muy importante. La brutalidad y la maldad que se generan en este planeta provienen de una conciencia de escasez, que siente codicia y tiene deseos desmedidos, que está llena de juicios, soberbia y egolatría.

La conciencia de los seres humanos es muy poderosa. Ten cuidado con lo que pienses y sientas y, especialmente, con lo que digas y hagas. Haz el esfuerzo de orientarte hacia el amor, en vez de permitirte tener una actitud condicionada negativamente.

Ésa es la condición que la gente le atribuye al diablo, pero indefectiblemente eres tú quien le abre la puerta a las fuerzas de Kal Niranjan, el gobernante negativo del planeta Tierra.

Cuando Jesús El Cristo estuvo físicamente aquí, se adentró en el reino en donde prevalecía el poder de Kal y le dijo a Kal Niranjan que no podía seguir separando a las Almas de la Luz. Jesús El Cristo construyó entonces un puente espiritual a través de los reinos para que las Almas retornaran a Dios. Antes de ese momento, el poder negativo de Kal podía castigar a cualquier Alma que se convirtiera a la Luz (Dios). Como castigo y para su purificación, Kal podía llevarlas a un lugar llamado el purgatorio.

Muchas religiones veneran a Kal, algunas a sabiendas, pero la mayoría sin saberlo. Kal es sumamente poderoso y engañoso. El poder de Kal puede afectar a cualquier presentación, por más ortodoxa que sea, desde la de una iglesia hasta la de un ministro que se crea moralmente superior.

Todas las entidades desencarnadas están sometidas al poder de Kal. Todos los diablos y demonios que viven en los diferentes reinos se te aparecen a medida que tu conciencia se eleva. Algunas personas se asustan tanto cuando las confronta un demonio gigante, que despiertan de golpe y prometen no hacer nunca más ejercicios espirituales. Entonces, las fuerzas de Kal celebran su triunfo, puesto que cuando alguien abandona algo positivo por miedo, queda atrapado en este plano, que es dominado por Kal Niranjan. Los ejercicios espirituales son la llave para trascender los reinos negativos y regresar al corazón de Dios.

Tu trabajo, desde el día en que naces, es salir de aquí, salir del planeta Tierra y regresar al reino de Dios. Esta Tierra es una escuela. Cuando aprendes las lecciones, has adquirido buen karma, y entonces conoces al Viajero Místico. Él te inicia en tu trabajo de liberación de karma en los niveles por encima de ti. Aunque el Viajero sea el responsable de este plano físico, te ayudará en tanto hagas un esfuerzo de conciencia y realices acciones positivas. Si mueres antes de ascender más arriba y eres un iniciado del Viajero, no tendrás que volver a encarnar. Continuarás tu ascensión en el Espíritu, puesto que estás en la línea ascendente de energía, también llamada el sendero de los santos, la ciencia del Alma, el sendero de los Viajeros, y de muchas otras maneras.

De hecho, toda persona está conectada al Viajero. El Viajero activa el Alma y reside en el Alma contigo. El Alma es perfecta y existe en todos los niveles. Cuando haces ejercicios espirituales, traspasas el plano astral, el causal, el mental y el etérico, y llegas al Alma del Alma. Mientras viajas por cada uno de estos planos en la energía del Alma, cuentas con una protección perfecta, y el poder de Kal no puede afectarte.

El ángel Yama no es tu enemigo. La función de Yama es asegurarse de que hayas aprendido tus lecciones. Si no lo has hecho, al morir, lo primero que haces es visitarlo. Y mientras tu Alma evoca todas las acciones, Yama revisa tu vida. Si pudieras verlo físicamente, Yama parecería tener de veinte a treinta kilómetros de altura. Esta forma es llamada San Pedro, que no es el Pedro que se describe en la Biblia, sino aquel que cuida las puertas de entrada al cielo.

Cuando los iniciados del Viajero Místico mueren, atraviesan el vacío hasta el reino del Alma, adonde Yama *no puede* ir. Si Kal atrapa a alguno de los iniciados, el Viajero irá a rescatar esa Alma y, en ese proceso, gracias a su gran compasión, liberará a todas las demás Almas que estén sometidas a Kal. Como Kal no quiere que esto ocurra, no se entromete con los iniciados del Viajero.

Kal trató de hacerlo un tiempo atrás y una sección completa del mundo astral inferior fue liberada de su cautiverio, porque Kal había perseguido a alguien muy elevado en el Espíritu por el Viajero. El Viajero simplemente se presentó y rescató a esa Alma. Kal protestó ante el Señor del quinto reino (el Alma), que es el Viajero Místico en ese nivel, y éste le recordó a Kal que él ya sabía que no tenía que meterse con un iniciado. En otras palabras, le dijo: "¡Cállate y vete a tu reino!".

Sólo por el hecho de que acabas de leer y pensar en el diablo, Kal Niranjan y Yama, te sugiero que evites la actitud de: "El diablo me obligó a hacerlo". No le des al diablo más crédito del debido. La mayoría de nosotros "lo" hacemos bastante bien solitos, muchas gracias. Primero comienzas con pensamientos negativos, luego los alimentas con fantasías negativas, enseguida los activas con acciones negativas, y finalmente creas karma en cantidades estratosféricas. Le echas la culpa al diablo, cuando desde un principio has sido tú quien lo hace. Como siempre, tú eres el origen, eres la causa y el efecto, eres el problema y la solución. Eres el diablo y el Señor bueno.

¿Es necesario este viaje?

¿Por qué simplemente no nos evitamos toda la molestia y el trabajo del planeta Tierra? Porque cuando estamos allá arriba, en el mundo del Espíritu, donde las cosas se miran desde un lugar neutral y carente de juicios, todo parece muy fácil. Cuando actuamos desde el mundo espiritual, que no tiene ninguna posición, no hay nada que evitar. Desde ese lugar, no nos damos cuenta de que existen mundos mucho mejores que éste en términos de diversión. Y, en cuanto a aprender las lecciones kármicas que hemos creado para nosotros, este mundo es una escuela maestra o una trampa gigantesca.

La verdadera magia en este nivel físico es la *actitud*. Una vez que alcanzas la actitud de libertad, puedes ubicarte por encima de todo esto y ver cuán divertido es. Puedes reírte de todo si alcanzas la altura necesaria. Entonces, nada te causa dolor y estás libre.

Una de las trampas más grandes es tomarse todo terriblemente en serio. Te tomas demasiado en serio cuando se trata de estar en lo correcto o equivocado, de hacer algo que podría acarrearte problemas, de aprobar el examen, de contraer matrimonio, divorciarte y crear una familia. Relájate. Incluso la persona más seria en este planeta, no saldrá de aquí con vida.

Si haces el bien, porque es lo que el amor te indica, lo estás haciendo tal como lo haría el Viajero. Si haces el bien porque quieres gustarle a la gente, lo estás haciendo como lo haría el poder de Kal. Tú eliges. Si en tu elección no hay amor, el Viajero será una ilusión. La elección involucra amar en cada nivel de conciencia. Ama a las personas con las que te relacionas, en vez de usar tu energía para quejarte de lo que encuentras mal en ellas. Significa amarlas a pesar de lo que hagan, llamado amor incondicional. Ama a tu enemigo. Lo volverás loco, o cambiará su actitud y dejará de ser tu enemigo. Incluso tú mismo puedes abandonar una posición de inflexibilidad, para que el que alguna vez fue tu enemigo, pueda convertirse en tu amigo querido.

Es posible que en vidas pasadas hayas sido padre o hijo de muchas de las personas que conoces. Si puedes tomar conciencia de esa posibilidad, tal vez no seas tan crítico del comportamiento de los demás.

Lo que nunca debe olvidarse es que todo el mundo (incluso tú) tiene una historia de privaciones. Hacer que alguien se sienta mal por sus errores, es como castigarlo por su pasado. No hay nada que se pueda hacer sobre el pasado. Sólo podemos mejorar en el presente. ¿Cómo sabes si estás mejorando? Estás mejorando si expresas más alegría y aceptación, tanto en el Espíritu como en la Tierra.

Todos cometemos errores. Éste es el planeta de los errores. Tú podrías ser un error garrafal en el plano físico, un error divino, en donde el error físico finalmente muere y la parte que no es error, la parte que es perfecta y que vive eternamente, tu Alma experimentada, se une al Alma perfectamente experimentada, que es Dios.

¿Es esto algo fácil de hacer en este mundo? No. Si fuera fácil, no estarías aquí. Si hay algo que tienes que aprender en esta escuela que es el planeta, es a expresar amor incondicional en condiciones difíciles. No tienes que amar los errores que comete la gente; pero sí tienes que aprender a amar a las personas y a demostrarles cariño en vez de criticarlas, creyéndote el poseedor de la verdad.

¿Terminan Algún Día Las Lecciones Kármicas?

Cuando le preguntaron a Jesús cuál era su ministerio, él contestó que era el ministerio del ejemplo. Así son las lecciones kármicas que se le presentan a todo individuo. Tendremos que volver a encarnar en este reino, una y otra vez, y si es necesario, a lo largo de mil vidas o más, mientras no seamos un ejemplo de las lecciones de amor incondicional.

Jamás es un error nacer y morir en este planeta. Ambos forman siempre parte del plan divino de aprendizaje. Incluso los nacimientos o las muertes prematuras son parte de ese plan. Una persona puede completar el noventa y nueve por ciento de su karma y morir. Por eso, cuando regresa, sólo tiene que terminar el uno por ciento que le faltó, y ese uno por ciento puede cumplirse en el vientre materno. No es necesario seguir adelante, así que el Alma se retira y el niño nace muerto. Es comprensible que esto pueda afligir a la futura madre. Sin embargo, si ella pudiera verlo con la suficiente altura de miras, se sentiría dichosa al saber que otro ser ha completado su karma y retornado a Dios.

Cuando el trabajo de un ser termina, ya sea en el vientre, dentro de dos días, de un mes, de un año o de ochenta y ocho años, que así sea. Ningún ser nos pertenece. Todo niño es una criatura de Dios, independiente de la edad que tenga.

Retornar a Dios exige conciencia, compromiso y práctica. Y debido a que a veces el viaje es arduo, también es necesario contar con un apoyo amoroso, que contenga el poder del Espíritu. El Viajero brinda ese apoyo. Tu expresión en los ejercicios espirituales permite que ese apoyo llegue adonde se lo necesita. Los e.e.'s son un acto tanto de práctica como de apoyo, que entrega e invoca la energía divina dentro de ti.

¿Quieres trascender estos planos negativos? ¿Quieres eliminar el karma con el que encarnaste en este planeta? Lo logras acumulando energía espiritual en tu interior. Entonces, cuando aflora parte del karma, la energía espiritual quema las semillas de dicho karma y, en consecuencia, no tienes que participar en las lecciones de ese karma negativo. Puedes seguir adelante manteniendo un equilibrio amoroso, sin tener que comerte la semilla kármica, pues ésta ha desaparecido.

Practica los ejercicios espirituales y, a la larga, podrás elevarte a través de cada reino *con conciencia*, directamente hasta el Alma. No estamos hablando de una teoría; ésta es una técnica probada y validada por miles de personas que han estado haciendo ejercicios espirituales durante años. Practica los ejercicios espirituales, practica amar, porque el amor es la esencia del Alma.

Ésta información no es nueva; siempre ha existido una vía de salida. Dios no nos ha abandonado nunca. Dios está aquí y ahora. Somos nosotros los que hemos sido tan ciegos como para alejarnos, pero podemos volver. Cuando Jesús dijo: "Creed también en mí"[9], no se refería sólo a él mismo; quiso incluir también al YO SOY, que es Dios. Ahora, ni siquiera tienes que creer. Una creencia sin validación suele ser una estructura endeble. Incluso en el caso de Jesús, al final de su vida mortal, todos los discípulos que funcionaban basados en una creencia salieron huyendo; todos, menos uno: Juan El Bienamado. Sin embargo, Jesús no juzgó a sus discípulos por los errores que habían cometido. De ninguna manera; él regresó y rescató a aquéllos que habían huido, porque eran iniciados del Viajero Maestro, Jesús El Cristo.

---

9. Juan 14:1 Versión Reina-Valera

La Iniciación

Por lo general, el Viajero Místico no inicia a las personas en la energía del plano causal sino hasta *después de dos años de estudio*, porque la iniciación requiere más que creencias. Después de que una persona ha estado estudiando las Disertaciones del Conocimiento del Alma durante a lo menos dos años, ha practicado e.e.'s durante dos años y ha estado haciendo servicio por un espacio de dos años (para él mismo, su familia, sus seres queridos y personas y grupos que necesiten ayuda), sabe por experiencia propia si quiere participar en la línea divina de trascendencia del Viajero. Durante esos dos años la persona viaja en el Espíritu por los reinos interiores, libera karma bajo la guía del Viajero, o de algún emisario, que puede ser un maestro ascendido, un miembro de la Gran Hermandad Blanca o de una de las otras mil hermandades.

Antes de ser iniciado físicamente por un miembro del equipo del Viajero (facultado por el Viajero para hacerlo), ya has sido iniciado a nivel espiritual. Puedes no recordar esa experiencia, pero sí intuirla, porque, por lo general, eres tú mismo quien escribe la carta solicitando la iniciación. En la iniciación física se te da el nombre del Señor del reino inmediatamente superior y se te toca en lugares de la cabeza que corresponden a centros psíquicos, lo que ancla la energía. A medida que repites el nombre del Señor, este nombre recorre tu cuerpo y eres conectado a la energía divina del reino siguiente. Mantienes la conexión repitiendo el nombre del Señor con conciencia amorosa, y eso significa hacer ejercicios espirituales.

Como mencioné anteriormente, en cada plano hay un sonido y un color. Mientras escuchas, puedes oír a veces la Corriente del Sonido del nivel en que estás viajando. Muchas veces no escucharás ni verás nada, pero eso no debe invalidar la experiencia espiritual.

Aun cuando estés liberando karma con la entonación de tus tonos de iniciación y viviendo una vida dedicada a la práctica del amor incondicional y el servicio, sigues susceptible a caer en trampas. Al obtener tu siguiente nivel de iniciación podrías pensar: "¡Eso! ¡Lo logré! Terminé con todo ese karma emocional del reino causal. Ahora soy un iniciado mental". Ten cuidado y no permitas que tu avance espiritual esté asociado al orgullo, el cual a su vez está asociado al ego, que a su vez está asociado a una caída. Independiente del nivel de iniciación, nadie en el planeta está libre de las presiones de la energía negativa, que es la fuerza de gravedad interna de Kal en este mundo.

Puedes sentirte complacido de haber evolucionado al nivel siguiente con ese tipo de deleite que sabe que en algún nivel te lo ganaste. Sin embargo, si te identificas con el placer del ego, puedes quedar atascado en ese lugar y tener que lidiar con el nivel causal en el reino mental. Simplemente considera tu iniciación como un informe espiritual que acredita que estás haciendo algo bien en los reinos internos.

La iniciación al plano siguiente no significa que hayas completado todo el karma de los reinos bajo ése. Sólo significa que tu trabajo abrió una brecha que te ha permitido llegar hasta el Alma, que está lista para las experiencias del plano siguiente. El Viajero te empujará y jalará por esa abertura, en tanto mantengas esa brecha abierta. Si es necesario, podrás pasar por el ojo de una aguja, si haces tu parte.

Cuando eres iniciado en el plano del Alma es fácil descender y liberar karma en los planos inferiores, porque el Alma no acumula karma. Nada de la basura creada entre el plano etérico y el físico puede entrar al plano del Alma, por lo que ésta gotea como el sudor en una sauna. Cuando llega el momento de sumergirte en el océano de amor y misericordia divina, estás limpio—en el Alma.

A pesar de sonar repetitivo, el proceso que te lleva a eso son los ejercicios espirituales y el servicio. Es necesario decirlo una y otra vez porque tú puedes haber estado repitiendo expresiones kármicas vida tras vida. Por el hecho de estar leyendo esto, estás expresando que tienes interés en completar tu karma en esta vida.

Después de haber practicado los ejercicios espirituales suficientemente, te llenas tanto de Luz, que la proyectas hacia adelante. Esto ilumina tu visión y evita las caídas propias del condicionamiento negativo, ya que con la Luz espiritual se adquiere claridad de visión. El efecto secundario de la claridad es la capacidad de amar, no con esa clase de amor que implica un apego romántico mostrado en las películas, sino con un amor eterno y ascendente, como el de Dios.

Es como encender las luces del auto para iluminar la carretera. Si la batería se agota, las luces se ponen cada vez más débiles, hasta que te cuesta distinguir los baches que están frente a tus ojos en el camino. Y sin embargo, hacer funcionar el auto, carga la batería; eso es exactamente lo que hacen los ejercicios espirituales. Mientras más los haces, más energía creas y más unidades de Luz espiritual depositas en el "banco" para cuando necesites hacer un "retiro" de una cantidad considerable que te apoye durante una etapa especial de aprendizaje.

La forma en que se manifiesta la energía pura de los manantiales de Dios es mediante las unidades de Luz y las columnas de Luz. De hecho, muchos iniciados del Viajero se dedican a colocar columnas de Luz alrededor del planeta. Estas columnas de Luz miden entre quince metros y ocho mil kilómetros de ancho. Son como grandes centrales generadoras que acumulan energía de Luz. Estas columnas de Luz canalizan la energía pura que es Espíritu. La gente que entra en contacto con ellas siente que ha entrado en un territorio sagrado y santificado.

Como parte de su ministerio, los ministros del MSIA colocan columnas de Luz, proceso que no es muy difícil de llevar a cabo. Se hace con mayor eficacia cuando la persona está localizada físicamente en el lugar. Debe visualizar una Luz blanca que descienda a través de ella. Y entonces aparecerá la columna, es decir, siempre que el ministro haya estado haciendo ejercicios espirituales sistemáticamente. Cuando se invoca la Luz, puede que ésta se presente o no, dependiendo de la sintonía espiritual de quien la invoca. Los ejercicios espirituales son el diapasón de la Luz y el Espíritu.

La Luz

No dejes que tus ansias de salvación espiritual te empujen a buscar únicamente *información* en vez de *experiencia*. Hay quienes devorarán todos los libros y seminarios en audio para aprender acerca de la Luz. La información intelectual no te proporciona experiencias. De hecho, si basas tu parecer en información recibida sólo a nivel mental, estás listo para convertirte en un autómata, y perfecto para manejar tu vida basándote más en lo que la gente dice que en tu propia experiencia. Si tienes una experiencia personal, nadie puede quitártela. Pueden cuestionarte, pero no tienes ni siquiera que defenderte, porque sabes, por experiencia propia, lo que es verdad para ti.

No recibirás la experiencia de la Luz hasta que no estés listo para ella. Hay algunos que presionan diciendo: "Ya estoy listo; lo sé", y cuando la energía les llega de golpe, se dan cuenta de que en realidad no estaban listos. Si el Espíritu verdaderamente entregara la Luz como la gente la pide, más de uno quedaría achicharrado.

Para poder recibir el poder de la Luz, tienes que aprender primero a atravesar el reino astral en conciencia del Alma y, luego, pasar al reino causal, avanzando espiritualmente paso a paso. La calidad de la Luz y del Sonido se vuelve cada vez más refinada mientras más alto llegas. Cuando experimentes eso, te encontrarás no tanto buscando la Luz, sino creando experiencias en las que des y recibas la Luz. Si quieres tener éxito en tu sendero espiritual, conviértete en alguien que se mueva, haga, se transforme y experimente. Ésa es la base de toda expansión de conciencia.

Al hacer, te expandes gracias al don de Dios que ya existe dentro de ti, y de esa manera surge la experiencia. Lo teórico es interesante y los datos intelectuales pueden ser útiles si los aplicas para mejorar tu comportamiento, de modo que tu experiencia sea neutral y de amor incondicional. En última instancia, lo importante es tu propia experiencia.

En la Biblia, la vara y el cayado[10] son símbolos de Sonido (la vara del poder) y de Luz (el cayado, que sustenta todas las cosas). La Luz es parte de la esencia de la espiritualidad, y tiene una condición interna y otra externa. La condición interna es lo que llamamos Luz espiritual, y la externa, lo que llamamos Luz magnética.

¿Puedes vivir en la Luz espiritual todo el tiempo? En este planeta, pasas la mayor parte del tiempo en la Luz electromagnética de los reinos inferiores. El cuerpo físico no está preparado para vivir en la Luz espiritual todo el tiempo, pues no podría sostener los patrones de energía.

El Viajero Místico tiene la capacidad de trabajar contigo a nivel individual, y enseñarte a trabajar con

---

10. Psalmo 23:4 Versión Reina-Valera

la Luz a través de los reinos inferiores y magnéticos, hasta que te hayas establecido en el reino del Alma.

Cuando accedes a la conciencia del Alma, y vives allí de manera permanente, obviamente vives también en la Luz espiritual de manera permanente. Entonces, incluso en este plano físicamente estructurado, sigues teniendo la capacidad de trasladar tu conciencia más allá de las limitaciones físicas, y alcanzar el plano del Alma, el cual, en esencia, te permite vivir en la Luz espiritual toda y cada vez que creas esa experiencia.

La Luz magnética funciona en los niveles por debajo del plano del Alma, los que se ubican en el campo de la energía negativa. El Alma habita en cada uno de los planos negativos, y accede a ellos mediante la Luz magnética desde los reinos positivos. Por lo tanto, en esencia, cuando funcionas en los reinos entre el físico y el etérico, te beneficias de ambas, tanto de la Luz magnética como de la Luz espiritual. Cuando aprendes a utilizar y a equilibrar el efecto de las dos, puedes experimentar la conciencia cósmica a nivel del mundo físico. Ésa es la llave de la iluminación.

Dicho proceso se manifiesta también de manera muy práctica en este nivel. Cuando te conectas en la cúspide de ambas luces, se producen pequeños y grandes milagros continuamente. Por ejemplo, encuentras estacionamiento justo en la cuadra de mayor movimiento, recibes un bono en tu trabajo exactamente cuando más falta te hace el dinero, o recibes de regalo una entrada a un espectáculo que con toda seguridad estaba agotado. Éstos son sólo algunos de los efectos agradables de este equilibrio espiritual. Sin embargo, no constituyen la meta. Si conviertes los milagros a nivel terrenal en tu meta, estás atrapado.

En el MSIA, no nos ocupamos de crear esa cúspide perfecta en el plano físico. Puede suceder esporádicamente, pero esencialmente trabajamos para ascender desde el físico hasta el reino del Alma, en vez de tratar de perfeccionarlo todo en este planeta de limitaciones aparentes. De hecho, en el MSIA intentamos alcanzar al menos medio grado de diferencia entre la Luz magnética y la Luz espiritual. Queremos que estén un poco separadas, porque la Luz magnética está diseñada para producir en este mundo en la medida en que aprendemos, ganamos, crecemos, nos arriesgamos, tenemos éxito, fracasamos, nos ponemos de pie y seguimos avanzando. Eso es parte del diseño.

Aunque la Luz espiritual pueda ser aplicada en este plano físico, en esencia, no ha sido concebida para transformar esta breve existencia terrenal (aunque es posible). Se trata de una energía exquisita en el sendero del Alma a casa.

Esas personas que se ubican en el púlpito y agitan un libro predicando sobre las exigencias espirituales, y no toman en cuenta los patrones kármicos de aprendizaje en este planeta, a menudo son los primeros en escabullirse por la parte posterior de la iglesia y quebrantar el credo que han formulado con tanta asertividad.

Es importante progresar en este mundo y manejar los desafíos con responsabilidad. Manteniendo un compromiso de esta naturaleza, podemos hacer descender la energía espiritual a este mundo y empezar a limpiar la contaminación, tanto en el mundo físico como en los mundos interiores de los reinos astral, causal, mental y etérico. Por ser co-creadores con Dios, tenemos una tarea que cumplir. La ecología física y espiritual son totalmente compatibles.

Cuando tienes una iniciación de Luz, a veces te trasladas a un lugar dentro de tu conciencia en donde la Luz espiritual y la magnética efectivamente se juntan. En esos momentos de conexión, podrías estar viajando fuera del cuerpo y experimentar instantes de un alumbramiento de conciencia tan puro y tan brillante, que tu cuerpo se estremece, o podrías caer al suelo, o recibir estigmas. Puede ocurrir todo tipo de fenómenos. Cuando esas fuerzas se combinan, pueden producirse incluso desapariciones, como ha ocurrido cuando esas fuerzas han convergido de manera consistente en ciertas áreas físicas del planeta.

Te advierto nuevamente que esta información es sólo para que la tengas en cuenta en caso de que tengas una de esas experiencias y puedas decir: "¡Ah! Así que es esto lo que estoy experimentando". No se trata de una zanahoria que debas perseguir. Porque si lo haces, te convertirás en un burro que persigue eternamente una zanahoria colgada de un palo frente a él (y serás tú mismo quien sostenga el palo), en vez de un ser humano que experimenta las lecciones para el Alma. No hagas de los fenómenos tu meta, u obtendrás lo que pidas. ¿Sabes con qué te quedarás entonces? Con fenómenos. La decoración no es el pastel. Céntrate en el reino del Alma en esencia, más que en los ornamentos ocasionales del Espíritu.

De Adentro Hacia Afuera

Todo lo que he compartido en este libro lo pongo a tu disposición como conocimientos básicos, pero eres *tú* quien tiene que trabajar con ellos. Los dones de Dios representados como verdades sólo tienen valor si los aceptas, los adoptas y los activas. Yo soy sólo un mensajero. El mensaje viene de Dios.

No existe esa separación aparente entre tú, el mensajero, el mensaje y Dios. Una vez que despiertas, te das cuenta de que todo esto es tuyo para amarlo. Tú eres el Príncipe Azul y la Bella Durmiente, esperando el beso que te despierte. Tú también eres el que debe besar con los labios de tu corazón amante, eligiendo conocer la verdad. Es necesario mucho valor para ver el rostro de Dios.

La verdad puede expresarse de cualquier forma y de todas las formas posibles. Puedes experimentar la verdad a nivel de la palabra, a nivel artístico, a nivel de las relaciones, a nivel económico, a nivel laboral y a nivel espiritual.

Para ponerte a disposición de esas verdades, que serán evidentes por si mismas, tienes que comprometerte con prácticas que te proporcionen una conciencia radiante, así como las visiones y los sonidos de los reinos interiores. Cuando vivas desde los reinos del Espíritu reconocerás la verdad como una experiencia de Luz en cuanto la veas, la escuches y la sientas. También ella te reconocerá a ti, ya que la Luz reconoce a la Luz.

No tienes que buscar a Dios en el cielo; simplemente mira a los ojos de un niño y verás a Dios. No necesitas ver cómo se separan las aguas para validar la verdad; sólo ayuda a una persona necesitada y experimentarás un amor viviente más inmenso que cualquier cosa que puedas esperar.

Si miras y escuchas desde los reinos interiores, sabrás que las verdades sencillas, cuando se aplican, pueden crear una vida de dicha y plenitud en este plano y en todo el trayecto hasta el reino del Alma.

Éstas son algunas de las verdades que yo escucho:

El pecado es solamente ignorancia.

El mayor pecado es el miedo.

El momento más precioso es ahora.

La persona más maravillosa es aquélla que no te obliga a cambiar.

Los mentirosos más peligrosos son los que se mienten a sí mismos.

La obra que brinda mayor felicidad es la labor de servir.

Satisfacción es saber que has hecho bien tu trabajo.

El único error es darse por vencido.

El único obstáculo es tu ego.

La única pérdida ocurre cuando pierdes el entusiasmo.

Lo más grande de todo es el amor.

Estas verdades son enseñanzas de Dios y no de los seres humanos. En estas enseñanzas no hay ego. ¿Y funcionan? Por supuesto, pero con una condición: la de abandonar *tu* proceso condicionado y aceptar el proceso no-condicionado de Dios. Incondicionalmente. En ese estado, no tienes que hacer nada, porque el proceso funcionará a través tuyo y será Dios hablando a través de ti, como tú.

Aunque esto contiene una trampa sutil, la de cometer el error de creer que *tú* eres DIOS. Dios está en ti, pero tú no eres Dios. Sólo Dios es Dios. Si sostienes que eres Dios y defines la Luz como tú, en tu conformación, esa ilusión no es más que la puerta falsa que conduce a tu caída. Tu ego es el gatillo. La reencarnación y el karma son tus lecciones.

Tú abres el camino a la curación de la depresión, de las enfermedades y de todas las condiciones negativas cuando permites que el proceso de Dios funcione a través tuyo. Advierte que he dicho que tú abres el camino. Como con todas las cosas en este plano físico, debes trabajar la curación para que ésta surta efecto. En vez de concentrarte en el efecto y pedirle a

Dios que cure la enfermedad, *tú te abres a la curación cambiando lo que la causó*. Tienes que demostrar tu capacidad de dejar esos alimentos, esas relaciones, esos deseos desmedidos y esos estallidos emocionales que contribuyen a la enfermedad. Permites que Dios coopere con tu sanación al dejar ir todo eso.

No es casualidad que la organización que canaliza las enseñanzas de la Conciencia del Viajero Místico se llame Movimiento del Sendero Interno del Alma (o Movimiento de la *Conciencia* Espiritual Interna, según su traducción literal del inglés). Tienes que desarrollar tu conciencia si quieres servirte a ti mismo para tus más altos fines. Cuando estás consciente, puedes observar y, entonces, estar vigilante. Porque, tal como una persona con úlcera sabe que las frituras no le convienen, así también la persona espiritualmente despierta sabe qué le sirve de apoyo en el Espíritu y qué no. Lo sabes recurriendo a los reinos interiores para escuchar y ver. Debes mirar antes de saltar. Sí; mira hacia adentro antes de saltar hacia afuera. Adentro, puedes conocer la verdad acerca de cualquier situación, circunstancia y relación, si tienes el valor de mirar y escuchar.

Habrá momentos en que recibas orientación específica. Puede ser algo tan prosaico como: "No bebas más café". Si lo ignoras, o disipas tu energía pensando: "Bueno, hoy sólo tomaré tres tazas en vez de las seis que tomo habitualmente", podrías estar alejándote del Espíritu. El Espíritu da y el receptor debe activar la información enseguida. Si el receptor ignora el regalo del Espíritu, hay otros seis mil quinientos millones de Almas que necesitan el aporte directo del Espíritu. Si le pides al Espíritu asistencia y guía, úsalas. En otras palabras, cuidado con lo que pidas, porque podrías conseguirlo.

En Busca de Seguridad

Anteriormente, dije que el perdón era una clave para el crecimiento espiritual. Hay una acción más avanzada aún: estar consciente. Sí; estar consciente es una acción cuando se la practica con propiedad. Cuando estás consciente de que este planeta es el terreno de las lecciones kármicas, cuando estás consciente de que cada persona progresa a su propio ritmo, cuando estás consciente de que los errores que cometen otros son más dolorosos para ellos mismos que para nadie más, entonces, con conciencia, los apoyas. Nunca debes retirarle tu amor a nadie por lo que hagan o dejen de hacer. Así que, si hay algo que puedes aprender de este libro, es esto:

No existe nunca una razón suficientemente buena como para retirar tu amor.

Parte del estar consciente es tener suficiente paciencia con todos (inclusive contigo mismo), durante las experiencias de aprendizaje, que muchas veces son difíciles. Ésta es la *única* razón por la que estamos aquí: para aprender. Es difícil solamente porque solemos enfocarnos en lo imposible. La mayoría de las personas está interesada en la búsqueda de esa cosa específica (los más, de esas cosas específicas, en plural) que hará de este mundo un lugar seguro para ellas, como por ejemplo, esa determinada relación, esa cantidad de dinero, ese trabajo en particular, de eso que luego se convierte en ese divorcio, ese nuevo trabajo, esa nueva inversión, o lo que sea que haga que las cosas parezcan seguras. Se trata de un sueño imposible, estrictamente del reino astral, porque nunca podrás tener suficiente dinero, sexo, matrimonios, posesiones, drogas o trabajos para asegurarte la vida en este plano por más de unos pocos metafóricos minutos. ¿Diabólico? Por cierto que sí, pero adivina quién es el Señor de este reino. Nada menos que el príncipe de lo diabólico, Kal Niranjan. Por su naturaleza, si te apegas a este nivel físico, tendrás siempre apetito de más, de lo cual Kal se ríe, sabiendo que nunca habrá lo suficiente (o más) para satisfacer esos deseos desmesurados de poseer cada vez más.

Una vez leí acerca de un hombre que había ganado un premio de doce millones de dólares en la lotería. Una suma increíble y, además, libre de impuestos. Un amigo mío comentó con envidia: "Ay, Dios mío, si yo estuviera en su lugar, no tendría que preocuparme más por el resto de mi vida". Menos de tres semanas después leí que el ganador había muerto de un ataque al corazón. Mi amigo había tenido razón. El ganador de la lotería no tuvo que preocuparse más por el resto de su vida, por muy corto que haya sido.

¿Cuál es el remedio en esta paradoja imposible? Se llama dejar el planeta. ¿Tienes que esperar hasta que mueras? Te sugiero que no. Te sugiero que vivas esta vida con plenitud, con alegría, con sentido del humor y con todos los bienes que sean de tu agrado, siempre que mantengas tu foco de atención donde está la seguridad eterna, que es en el reino del Alma, en Dios.

Información o Lección

Algunos dicen que la gente es castigada por pecar. En realidad, nuestros pecados nos castigan. El pecado de ignorancia, o de falta de conciencia, castiga a las personas. Algunos piensan que la muerte es un castigo, pero la mayoría no tiene esa suerte; todos enfrentan sus lecciones kármicas aquí mismo, mientras están vivos y no de una manera demasiado agradable. Vive con promiscuidad y la promiscuidad se te devolverá y te golpeará en este plano. Luego, le estarás rogando a los dioses que te curen del herpes, pero todo lo que el Espíritu puede hacer es respetar tu conducta de promiscuidad y permitirte los aprendizajes que puedes sacar de la lección llamada herpes. En algunos casos, podrías implorarle al Espíritu que te ayude a superar tu impotencia o frigidez, pero debes saber que los señores del karma se presentarán para permitirte la lección de la experiencia. Sería más sabio rogar que te guíen, en vez de ser indulgente contigo mismo al implorarle a los dioses que te releven de tu karma, pues el Espíritu no siempre trabaja de esa manera.

Si puedes reconocer lo anterior, deja de regañar a los dioses, y abraza tu propio saber, así habrás emprendido el camino hacia la liberación. Una vez que aceptas las lecciones, éstas se transforman en información. Con esa actitud interna alcanzas la altitud necesaria para liberar el karma y, otra vez, estás en el pasaje hacia los reinos superiores.

Parte de la aceptación es manejar el sufrimiento kármico que creaste. No haces esto diciendo: "Es mi karma", para luego olvidarlo con una postura de aceptación divina, sino manejando la situación en este plano, mediante la aceptación divina. Esto incluye el cuidado adecuado de ti mismo, manifestado como ejercicio y buenos hábitos alimenticios, y además, obteniendo orientación y asistencia de quienes están entrenados para darlas.

El Espíritu trabaja a través de los médicos y la medicina, así como a través de quiroprácticos, acupunturistas, remedios homeopáticos y hierbas. Haz todo lo que esté a tu alcance para manejar tus problemas físicos en este nivel físico. No vayas al doctor en busca de una cura milagrosa, especialmente si eres tú quien se ha creado el karma físico. Ve al doctor por lo que él pueda hacer, es decir, darte asistencia, ánimo, consejo inteligente y alivio de los síntomas. Cuando lo analizas a fondo, comprendes que los doctores tratan los efectos de la causa. Eres tú quien debe hacerse cargo de la cura enfrentando la causa. Ayunar un día y comer pastel de chocolate al día siguiente puede ser una manera de hacerlo poco efectiva. Para lograr tu mejoría, cambia tus hábitos. Cuando tu comportamiento cambie, sabrás que has aprendido. Es entonces que la curación está haciendo efecto.

Haz todo lo que esté a tu alcance en los niveles espirituales por medio de los e.e.'s y el servicio, y lo que más puedas en los otros niveles, haciendo todo con amor. No renuncies a ti mismo y tampoco renuncies a Dios, porque Dios nunca se da por vencido contigo. Haz no sólo lo que el doctor sugiera, sino también lo que el Espíritu sugiera. Si has estado practicando, escucharás y recibirás la orientación del Espíritu en los reinos interiores.

Si no has practicado lo suficiente, puedes comenzar ahora mismo, porque mientras estemos en un cuerpo físico, nadie, ninguno, está libre de las influencias negativas. Así que, bien podrías empezar ya mismo a depositar unidades de Luz en el banco. Podrías necesitar un retiro inesperado para esos días de kárma lluvioso, y si no lo necesitas, ¡qué maravilla! Pero en tu camino de regreso a Dios, también puedes usar toda la Luz que tienes de reserva en beneficio de otros.

Verifica todo

Cuando vamos adentro y escuchamos efectivamente una guía, ésta puede provenir de dos fuentes distintas. Una de ellas estará ubicada a la derecha o en el centro del ojo espiritual, y será el Dios misericordioso y el Viajero. La otra podría venir de la izquierda, y será la fuerza de Kal o el poder negativo. ¿Cómo establecer la diferencia o determinar si la guía recibida te sirve? Si eres un iniciado, simplemente entona tu tono. Si la guía es de origen negativo, la energía se disipará, y si es de origen positivo, se mantendrá.

A continuación, verifícalo en cada plano. Si escuchas una voz interior que te dice: "Participa mañana en la maratón de los diez kilómetros ", puedes verificarlo haciéndote preguntas simples.

¿Has estado corriendo y entrenando?

(No en los últimos tres años).

¿Cuál es la distancia más larga que has corrido en los últimos seis meses?

(Solamente una cuadra para tomar el bus).

Con esa información, ¿qué conclusión sacas? Que si participas en esa carrera de diez kilómetros podrías sufrir agotamiento y deshidratación, caer en estado de coma y, posiblemente, morir. Por lo tanto, la próxima vez que escuches que esa voz te dice: "Participa en la maratón de los diez kilómetros", simplemente contéstale: "Corre tú; yo no estoy en forma". En otras palabras, no tengas fantasías románticas o distorsiones en relación con el Espíritu que consideres poco inteligentes. El Espíritu es inteligencia y conocimiento total, y totalmente práctico en todos los niveles. Asegúrate de verificarlo todo para confirmar lo que escuches en estos niveles. El Espíritu podría decirte algo tan simple como: "Haz más ejercicio".

Cuando escuches una guía negativa, incluida información que te de la sensación de que podrías estar desconectado del Espíritu, manéjala haciendo sólo aquello que te apoye. Podrías usar el consejo de los diez kilómetros a tu favor, reconociendo que no estás en forma y comenzar a hacer ejercicios diariamente en el gimnasio. Si la fuerza negativa trata de convencerte de que el Espíritu y tú han dejado de ser uno, siéntate, invoca la Luz y ponte a entonar. Con el tiempo volverás a experimentar tu conexión espiritual.

La verdad es que el Espíritu nunca desconecta a nadie. Son los seres los que se desconectan ellos mismos del Espíritu cuando le entregan su energía a la fuerza de Kal. Pero, incluso en este caso, es posible reconectarse. Puede que para reconectarte debas hacer ejercicios espirituales con devoción durante un tiempo prolongado. No obstante, vale la pena, porque estamos hablando de la cura para el karma: no de una manifestación pasajera, sino de la cura. Elegimos ser kármicamente libres cuando efectivamente cruzamos el puente entre las ataduras negativas y el Alma.

Los Viajeros han utilizado esencialmente tres acciones como parte del desarrollo de la capacidad interna de escuchar (conocida también como la conciencia espiritual). *Una* de ellas es poner la información espiritual a disposición de aquéllos que se comprometen con la trascendencia del Alma, para que ellos puedan acceder a ella. En este momento, una forma que adopta esta información es en las Disertaciones del Conocimiento del Alma, que contienen la energía del despertar. *Otra* de las acciones es ofrecer seminarios en vivo y grabados, en los que se libera karma (satsang). Y si estas dos formas no funcionan, existe una *tercera*, que le brinda a la persona la oportunidad kármica de manejar la adversidad y aprender, amar, aceptar y trascender.

Esta última acción puede manifestarse como la pérdida de un trabajo o de la pareja, o tal vez experimentando una enfermedad que vuelque al afectado más hacia Dios. Si nada de esto sirve para liberar el karma, la persona volverá a reencarnar nuevamente. Sin embargo, a la larga, la persona terminará relacionándose con este lugar físico de adentro hacia afuera.

Uso o Abuso de la Energía

Es necesario que usemos nuestra energía en beneficio propio en nuestro sendero ascendente de liberación de karma. Es para nuestro mayor bien que tengamos un cuidado ecológico con lo único que podemos despilfarrar: nuestra energía. Trascender estos planos inferiores hacia los reinos positivos requiere de mucha energía. Úsala sabiamente, porque estás dotado solamente de una cantidad limitada.

A nivel físico, el cuerpo evacua la mayor cantidad de negatividad a través de las dos cavidades inferiores, a saber, los órganos excretores y reproductores. Podemos crear una fuga de energía si abusamos de la liberación de energía en esos niveles. Nuestra preciada energía, que podría servirnos para ascender, se fuga cuando emocionalizamos las situaciones o cuando fantaseamos.

Los ejercicios espirituales construyen un depósito de energía dentro de ti. Tú decides si usas esa energía para viajar en el Alma fuera del cuerpo, o si la liberas por medio de la actividad sexual. En ambos casos, la energía que se usa es la misma. Puedes experimentar depresión, irritación y ansiedad cuando no usas la energía para tus fines más elevados. No estoy sugiriendo que debas evitar la expresión sexual. Hecha con amor, esta expresión puede ser enriquecedora; con lujuria, agotadora.

Una de las formas más expeditas de liberar esta energía es la masturbación. En vez de ahorrar esa energía potencial y contenerla para el Espíritu, la liberas por medio de las debilidades de la forma humana. Limitas tu expresión y tu energía, y la liberas en un campo negativo, si estás casado y sigues practicando la masturbación. Pero si tienes relaciones con tu pareja con amor, la energía vuelve a ti a través de la expresión de ternura y amor.

Eres responsable de usar tu energía espiritual adecuadamente. Para que puedas recibir orientación, debes despertar tu capacidad de ver. Entonces, podrás decidir avanzar en la dirección de tu visión ilimitada, en vez de hacerlo en la dirección de tus limitaciones. Eres un co-creador en esto, y si tú no lo haces, podría quedar sin hacerse.

Toda la información ofrecida en este libro, en tu vida y en toda tu existencia ha estado siempre disponible en varias formas de conciencia en este planeta. Esos niveles de conciencia operan como libros abiertos cuando desarrollas la visión interna para leerlos.

Si finges tener una visión interna y usas la información que te he presentado para validarla, ésta va a funcionar tan bien como lo haría la imitación de un Porsche con un motor de Volkswagen. No necesitas fingir ni crear nada en este mundo. Lo único que puedes hacer es decidir recrear continuamente tu compromiso de hacer lo que esté a tu alcance para seguir despertando. Participa en ese proceso con alegría, con un sentido de completación. Sí; completación, porque eso te permitirá aplicar toda tu energía al momento presente, aquí y ahora.

Si dejas muchos proyectos incompletos, ellos te "aguijonearán" el inconsciente de manera interminable. Puede que no estés consciente de qué lo causa, pero el efecto es que te sentirás pesado y con el ánimo por el suelo. Aun durmiendo como tronco durante diez horas seguirás sintiendo que necesitas dormir más. Se conoce como el karma de las acciones incompletas.

Sé bueno contigo mismo. Si no te sientes en paz con alguna conducta, considera esa guía interior como una luz de advertencia. Verifícala, despéjala y, luego, haz lo que tengas claro hacer, no claro desde el ego o el apego emocional, sino claro desde ese lugar dentro de ti que has limpiado, esa fuente del Alma, ese lugar dentro de ti que *es* integridad, ese lugar de visión interna que sabe si una acción o falta de acción tiene que ver con el amor. Si no hay amor en la acción, la acción no proviene del Alma.

No mires con romanticismo la esencia del Alma. Limpiarle la nariz a un niño puede ser una acción que provenga del Alma. Evitar decir o hacer algo para no herir a alguien, puede ser un acto de empatía, y negarse a algo puede, a veces, ser una expresión de amor. Te involucras con el Alma cuando te involucras en un acto de amor incondicional.

Usa tu energía para ir hacia adentro, a donde has desarrollado tu visión interna. Mira con los ojos del Bienamado. El Bienamado no es sólo el Cristo o el Viajero o Dios. El Bienamado eres Tú.

¿Dónde Está Dios?

A lo largo de este libro, tanto como a lo largo de nuestra vida, *lo único que importa* es volver a Dios. El único motivo puro es el amor de Dios, y Dios *puede ser* hallado en todo y en todos.

Dios ha sido llamado de muchas maneras por mucha gente. Sin embargo, hay un solo Dios. Algunos lo llaman Alá o Krishna, y otros lo llaman Cristo. La gente suele tratar de aislar a Dios en las definiciones del vocabulario de su propia cultura o religión. Tratan de apropiarse de Dios, convirtiéndolo en propiedad privada, que sólo ponen a disposición de los demás mediante una membresía, obligándolos a una forma de culto basada en una doctrina específica, e incluso al pago de cuotas de dinero a la iglesia. Esto asegura teóricamente que la iglesia y sus jefes van a rogar por ti, lo cual estaría garantizando tu salvación, ya que supuestamente tienen una línea de comunicación privada con Dios. A pesar de todo esto, hay un solo Dios.

El "Dios único" no rechaza a ningún Alma amorosa. El Dios único no se preocupa ni de doctrinas ni de normas de comportamiento en este mundo, que cambian de generación en generación, y tampoco le importan las definiciones. Dios responde a cualquier nombre, siempre que éste se diga con amor.

La gente ha probado tantas técnicas, acercamientos, preceptos y reglamentos para llegar a Dios. El acercamiento que funciona es el amor.

Puedes seguir a alguno de los llamados seres iluminados, a un gurú, rishi, sabio, o sadú, y pedirle que te muestre a Dios. Si ese ser actúa con integridad, no te mostrará a Dios, excepto tal vez con un espejo. Sin embargo, te indicará un camino, y puede que esta vez también use un espejo. Porque el viaje comienza contigo, dentro de ti, y termina contigo, ya que Dios habita no sólo arriba en los cielos, sino también dentro de ti, donde existen algunos de los cielos.

Tú eres quien hace ese viaje interno. Hay muy pocos seres que puedan revelarte a Dios. Tú mismo tienes que tener la experiencia de Dios.

Por eso el Movimiento del Sendero Interno del Alma es una organización tan ecléctica y no restrictiva. El MSIA acepta a todos y cada uno de los métodos para encontrar a Dios, siempre que éstos incluyan al amor incondicional como componente de su expresión. Si el planteamiento no incluye la expresión del amor, no lo ponemos en práctica.

En el planeta, existen algunos seres que han desarrollado diferentes niveles de conciencia y que los demuestran. Tú podrías ser uno de ellos, aunque permanezcas aquí, en el plano de la Tierra. Ten cuidado y no te dejes atrapar por la ilusión que a veces nos adjudicamos, tanto a nosotros mismos como a otros, es decir, por el glamour del progreso, o por el ego que se jacta de cuán espirituales somos, o que difunde cuán inteligentes y grandes somos. Éste todavía es el terreno de la luz reflejada. Desde este nivel vemos sólo por reflejo, no por Luz directa. Desde este nivel no vemos a Dios, excepto por reflejo, no obstante todas las alabanzas y la adoración que podamos ofrecerle.

Sin embargo, cuando se observa desde los reinos interiores se puede ver a Dios en todas partes, en todas las cosas. Aquellos que estén sintonizados con algo tan poco común como el Espíritu, demostrarán con su conducta la naturaleza divina de su ser. El Espíritu emanará de sus acciones, de su ser y en su presencia. Palabras, adornos, vestuario y actuación puede que sean el atavío de una celebridad, pero no necesariamente expresiones del Espíritu.

Cuando hablo de Dios, me refiero al Dios de tu corazón, que es donde los ángeles vienen a servirte. Éstos no son ángeles metafóricos, sino reales; son una fuerza de alta frecuencia con un propósito específico. Puedes verlos, intuirlos y experimentarlos cuando miras hacia adentro, *desde* adentro.

Si consideras que el mundo exterior es tu fuente de aprendizaje, es posible que aprendas cosas mundanas, pero no necesariamente experimentarás el desarrollo que te permite alcanzar los reinos interiores de Dios. Desde esa posición de ventaja terrenal, tu sensibilidad podría encapsularse de una manera tan pronunciada, que tal vez no tengas la capacidad de percibir la frecuencia vibratoria de un ángel sanador que visita tu ser. No sabrás cuándo tus súplicas internas sean respondidas, porque tus antenas se habrán recubierto con capas de intereses mundanos.

Parece una paradoja que en alguna parte, dentro de la forma física, se encuentre lo sagrado, el templo santo, la residencia de Dios. Para conseguir las llaves tienes que ir adentro. Después de leer este libro, es posible que se te hayan aclarado algunas de las técnicas que facilitan dicho viaje interno. Ahora de ti depende hacer todo lo que te permita entrar en contacto con el reino de Dios.

Cuando lo logres, la experiencia puede ser tan majestuosa, que podrías identificarte con tu ego una vez más, y gritar al mundo: "Yo soy Dios", y eso puede ser aproximado, pero no exacto. Ningún hombre o mujer es Dios; somos simplemente una extensión de Dios, en proceso de darnos cuenta de eso. Dios es una acción dentro de cada uno de nosotros. Podemos negarlo, pero seguiremos siendo una acción en proceso de realizar a Dios. Negarse a esto podría generar dificultades y, posiblemente, prolongar el proceso en vidas adicionales, pero Dios seguirá siendo parte de él, de la misma manera que mi mano es parte de mi cuerpo. Negar mi mano sería un desatino. Negar que eres parte de Dios no sólo es un desatino, sino que además te causará un dolor absolutamente innecesario.

Cuando decimos "Padre, Madre, Dios, hágase tu voluntad", estamos aceptando una realidad simplemente, en vez de poner energía en la negación que es una tentación en este plano físico. Cuando afirmamos que en la Luz, Dios es todo, y en el Espíritu, eterno, no sólo es verdad, sino que crea una recepción más profunda.

Ésta no es una mera frase cliché espiritual para recitarse precipitadamente como una plegaria matinal, y luego proseguir con tu vida cotidiana. Tu vida cotidiana es la frecuencia de la plegaria. La expresión de la misma, desde tus sonidos internos, es un reconocimiento que demuestra la conciencia de la Luz. Ésta es una acción que invoca la fuente del amor, la divinidad en cada uno de nosotros. Es como si te entrenaras para convertirte en un corredor de maratones. Cada día corres un poco más y, gracias al entrenamiento, cada día eres capaz de correr una distancia un poco mayor. De manera similar, cada vez que invocas la Luz como fuente de tu existencia, aumentas tanto la amplitud de la Luz así como tu capacidad de recibirla.

No tienes que esperar hasta morir para reclamar la gracia de Dios. Si despiertas a la visión interna de manera consciente, y comprendes que la voluntad de Dios se hace tanto aquí en la Tierra como en el cielo, puedes sentir esa dicha aquí y ahora. Todas las cosas se ponen de manifiesto cuando hay amor. Esto involucra el éxito y la felicidad en las relaciones, tanto en el matrimonio como en el trabajo, en las finanzas, en el servicio, en Dios.

¿Es El Amor Un Concepto O Una Acción?

Con la mente se conoce la superficie de las cosas solamente. La mente mira con los ojos, y éstos ven un reflejo. Mientras más veneres a tu mente, mayores son las probabilidades de que su reflejo te ciegue y te domine. No veneres a tu mente. Venerar a la mente es una forma de canibalismo de nivel inferior, ya que en realidad de trata de la mente que se venera a sí misma y, en definitiva, devora el karma que ella misma produce. Cuando esto ocurre, tienes que seguirle el juego a la mente, porque tú creaste, promoviste o permitiste esa acción.

En la mente, el amor es un concepto.

En el corazón, el amor es una acción.

Ama con el corazón espiritual, pues así podrás llegar más allá de la superficie, podrás ver y escuchar más allá de la fachada protectora de las distracciones mundanas. Exprésate con el corazón interno y serás capaz de contactarte con eso que lo origina todo. Serás partícipe de las enseñanzas esotéricas sagradas de la Luz interior y recibirás la poderosa guía de la Luz de ese ser radiante que llamamos el Bienamado.

Entras al santuario de la conciencia del Espíritu cuando caminas con el Bienamado. El respeto por lo que hay adentro es uno de los principales requisitos al hacer el viaje interior y también para recibir la guía de los maestros que te acompañarán.

Muchas personas sienten rechazo por este viaje y por quienes están comprometidos con el viaje interior. El rechazo es producto del temor a lo desconocido. Ellos prefieren la comodidad de lo familiar, aunque sea negativo, opresivo y doloroso y eligen la seguridad de la familiaridad negativa, porque la conocen. Sin embargo, la seguridad se esfuma rápidamente ésta se convierte en rebeldía, y la rebeldía, en destrucción. Producto de la destrucción, surgen oportunidades kármicas adicionales en este plano de aprendizaje, que a veces se manifiestan como discapacidad física y vidas posteriores; las oportunidades se manifiestan de la forma que sirva mejor al aprendizaje, desde ser un mendigo en la India o un leproso en África, hasta ser exactamente lo que eres hoy. En una existencia anterior es posible que hayas rechazado las enseñanzas espirituales y que te hayas acomodado a lo familiar, y por eso puede que estés nuevamente aquí.

Toda Alma que abraza el camino del desarrollo espiritual a la larga se someterá a la acción de la verdad. Pensando en esto, sugiero que dejemos de rendir homenaje a las etiquetas que representan la búsqueda espiritual; sugiero que abandonemos cualquier patrón de conducta que hayamos exigido en nombre del Espíritu. Déjale los asuntos espirituales al Espíritu. Todo lo que tenemos que hacer es desarrollar la capacidad de conectarnos con la frecuencia del Espíritu por nosotros mismos. En el MSIA tenemos una técnica que es nuestro medio para conectarnos y que nos funciona bien, pero no te apegues a él como si fuera *el* medio. No obligues a los demás a que hagan las cosas a tu manera. Para el Espíritu, mientras el amor esté involucrado, ése es el método que funciona.

Reconoce que una de las características de ser un ser humano es cometer errores. Si te juzgas y te regañas, cooperas con la labor de las fuerzas negativas. Seguirás estando cerca de Dios, aunque caigas en las debilidades de cualquier ser humano: cometer errores, tomar decisiones poco inteligentes, reaccionar y actuar de manera emocional de vez en cuando, tener pensamientos que te invitan a alejarte de tu corazón espiritual. Acepta todo eso como parte del paquete físico-astral-causal-mental-etérico, recordando que eres un ser espiritual que va de regreso a Dios. Esas emociones negativas, esos dolores y sufrimientos, y esos pensamientos de separación son parte del proceso. Sí; Dios también está "en" todo eso. Así es como superas las acciones negativas. Asúmelas y di: "Hola, negatividad", y abraza al Dios de Luz que se encuentra ahí, permitiendo que esa Luz te dirija hacia la *derecha*, y abandones el condicionamiento de la *izquierda*, sin rabia o juicios, sino con la actitud de que esto también va a pasar.

¿Quién está cuidando la tienda?

Si Dios está en eso, ¿de dónde surgen la negatividad y el sufrimiento entonces? Repito: de *tu* vieja y querida mente y de tu ego. Son ellos los que han creado las ilusiones que nos imponemos, y las que, a su vez, generan negatividad y desilusión. La mente cambiará mil veces para seguir a cargo, porque cuando te sientes confundido, la mente es la reina. Para mantenerte esclavizado, la mente cambiará las palabras, las normas y los puntos de referencia con tanta frecuencia como le sea posible y, entonces, erigirse ella como la supuesta maestra.

¿Te acuerdas cuando las relaciones sexuales sólo se permitían entre las parejas casadas, y cualquier otra persona que tuviera actividad sexual se consideraba inmoral? Pero los tiempos cambiaron y la actividad sexual se aceptó entre dos personas adultas que lo consintieran mutuamente. Más tarde, las mujeres y los hombres descubrieron que su derecho a tener un orgasmo no era igual y, entonces, los hombres se convirtieron en objetos sexuales al igual que las mujeres. Esto es igualdad en el infierno, porque posteriormente apareció la insatisfacción y la sensación de que la expresión sexual había dejado de tener sentido. Una vez más, la mente reina en gloria y majestad en esto y se alimenta de la confusión.

Se necesita el corazón para circunvalar la mente y declarar: "Yo sé hacerlo mejor". Se necesita el corazón para decir que hacer el amor tiene que ver con el acto de amar. Hacer el amor durante el acto sexual es estar con alguien que es amado y que también está expresando amor. El acto sexual sin amor puede hacerte sentir muy solo, segundos después de ese orgasmo por el que luchaste tanto y al que te sentías con pleno derecho.

Sin embargo, cuando te expresas desde el corazón, amar es amar. Entonces, todo contacto expresa amor, sin importar cuánto haya durado o cuánto hayas tardado tú, porque la experiencia de amar perdura más que la expresión física.

No seas tradicionalista y deja que la mente se ocupe de la tienda. Sé un pionero espiritual y permite que las acciones del corazón (sabiduría) te guíen en el camino.

A veces, la acción del corazón logra modificar las costumbres sociales y la actitud de las personas, de ser hipócritas a ser íntegros. ¿Cómo saberlo? Mira y escucha desde los reinos interiores del Espíritu.

En el Espíritu no hay confusión. Sólo se es. Cuando tienes claridad, manifiestas amor. De hecho, el amor es un resultado de la claridad.

Elige el Mí en Ti

Yo pongo énfasis en no usar las palabras para disuadir al Espíritu, o como sustituto de la acción en pos del Espíritu. Entonces, ¿para qué usar palabras, después de todo? Porque al compartir palabras inexactas, hay una frecuencia entrelíneas que dice: "¡Ábrete Sésamo!". (En inglés, "sesame" = sésamo, se pronuncia casi igual que "says me" = digo yo). Si escuchas con los oídos del corazón, te vas a dar cuenta de que en realidad dice: "Ábrete, digo yo".

Tú tomas el mando en el momento en que el mí en ti asume la responsabilidad. Eres capaz de cambiar cualquier condición, acción o reacción en tu vida, porque finalmente has elegido la Fuente del Mí, el YO SOY. Es en este momento que, si escuchas, oirás el himno de los ángeles que celebran tu entrada a tu propia resurrección. Entonces floreces como un capullo en primavera. Tu creatividad empieza a fluir desde lo más hondo de ti y te identificas con centros de hermosura tan profundos, que no sabías que existieran. Buscas alguna palabra, una expresión para describirlo, y lo más cercano que encuentras, es una palabra de cinco letras: Dicha. Dicha. Dicha.

Todos somos moradores en el umbral de nuestra unidad esencial. En este preciso momento, tenemos la oportunidad de dejar de ser el efecto y convertirnos en la causa. En este preciso momento, tenemos la posibilidad, dentro de nosotros mismos, de ser el conocedor, la experiencia y el destino simultáneamente.

El secreto más bien guardado es que el viaje ha terminado antes de comenzar. Tú ya estás ahí. Ése a quien buscas, ya está presente. ¿Por qué es un secreto? Porque son muy pocos los que lo reclaman para sí. ¿Lo harías tú? ¿En tu próximo aliento?

¿Estás dispuesto a vencer las limitaciones de la palabra y la interpretación incorrecta de quién eres cuando te catalogas de malo, culpable, asustado o indigno? ¿Estás listo para participar con Dios, quien siempre te encuentra digno de ser amado incondicionalmente? ¿Tienes la valentía de reconocer lo que ya sabes?

Antes de llegar a esta encarnación nos comprometimos a volvernos conscientes y a usar este plano de trampolín hacia la conciencia de Dios, dejando esta Tierra de Luz reflejada para acceder a lo supremo.

Si haces tuyo este saber, el sendero de la devoción es bastante fácil, porque entonces te estás dedicando a ti mismo, no de una manera egoísta sino desinteresada, y no a la personalidad, o al yo del ego, sino al yo del YO SOY, de Dios.

En el Movimiento del Sendero Interno del Alma acuñamos un término que yo siempre digo al final de los seminarios. Es un recordatorio amoroso del *satsang*. Es parte de las energías celestiales convertidas en palabras, que resuenan en perfecto y armonioso equilibrio. La afirmación es bien sencilla y quiere decir que vamos a cosechar los frutos, comprendiendo que son también obra nuestra. Ella implica que nuestra tarea es conocer la experiencia de esta frase:

Las bendiciones ya existen.

Baruch Bashan.

Diagrama de los Reinos

REINO	SONIDO	COLOR
REINOS POSITIVOS (Espíritu) (Luz Espiritual)	(No verbalizado)	(No verbalizado)
DIOS 27 Niveles	HU (jiú) Instrumentos de viento Mil violines Coro de ángeles Brisa estival a través de los sauces	Claro Oro pálido Oro suave
ALMA	Sonido persistente como de flauta	Dorado
REINOS NEGATIVOS (Niveles de reencarnación) (Luz Magnética) (Concejo Kármico)	*Epejo Cósmico* *Canal Rukmini*	
ETÉRICO (Inconsciente)	Zumbido de abeja o de mosca	Púrpura/Violeta
MENTAL (Mente)	Agua corriendo o murmullo de arroyo	Azul
CAUSAL (Emociones) (Karma)	Tintineo de capanillas	Naranja
ASTRAL (Imaginación)	Oleaje o rompiente	Rosado
FÍSICO (Ser Consciente) (Cuerpo físico)	Trueno; latido del corazón	Verde

Subconsciente
Inconsciente
Hábitos
Adicciones
Obsesiones
Compulsiones

(Nota: El Ser Superior y el Ser Básico pueden provenir de cualquier nivel)

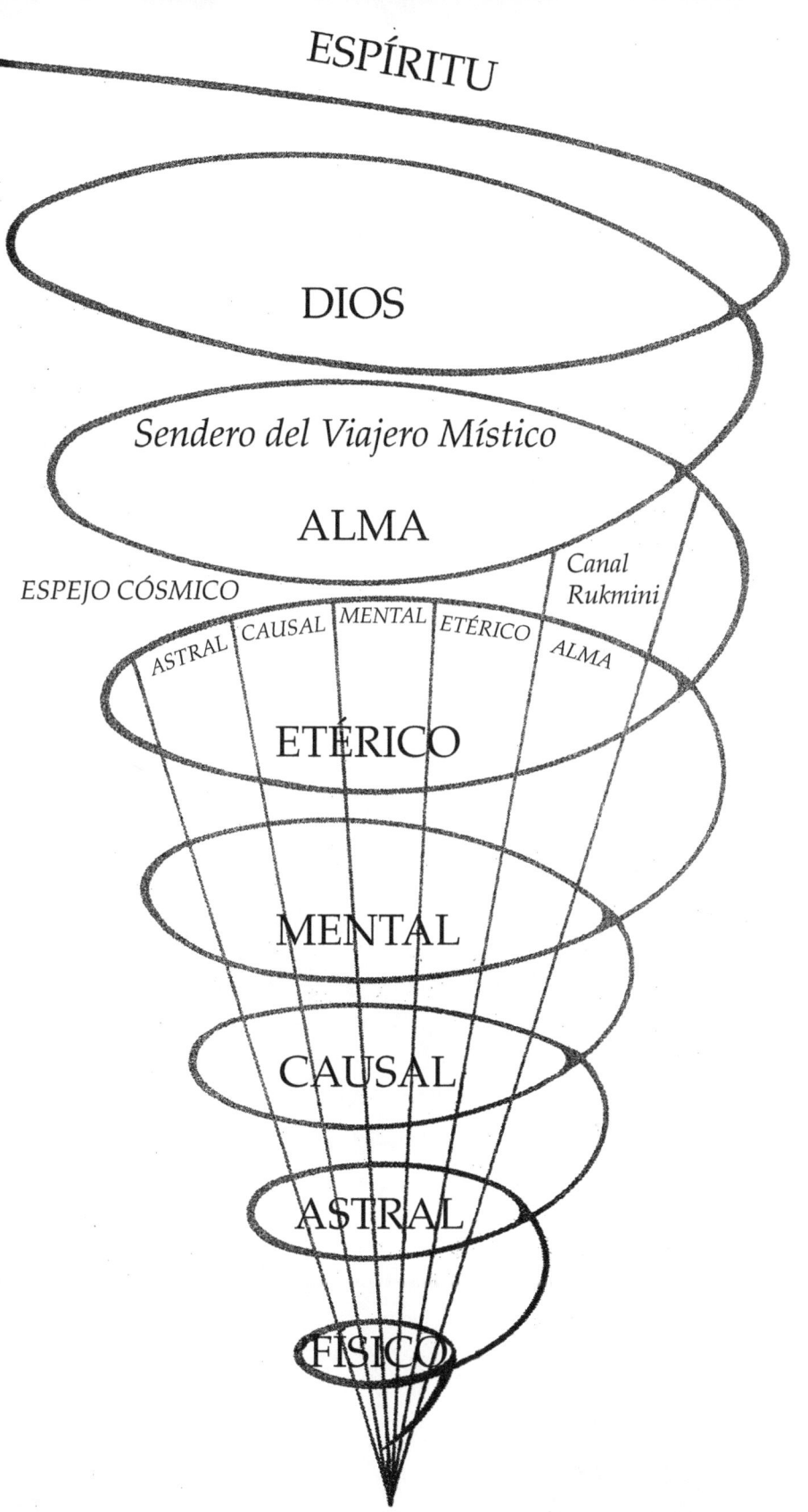

Glosario

Alma: Extensión de Dios individualizada dentro del ser humano. La esencia de la existencia humana conectada eternamente a Dios.

Ani-Hu (pronunciado ana-jiú, en español): Variación del cántico del HU (jiú). Una invocación al Dios Supremo, que añade una nueva dimensión que hace surgir la esencia de la empatía.

Archivos Akásicos: Registro de todas las experiencias de una persona. También conocidos como los Registros Akásicos o los Archivos Kármicos. La mayoría de los archivos se mantiene en el plano causal.

Balance de Aura: Uno de los servicios que ofrece el MSIA. Técnica utilizada para limpiar y fortalecer el aura o campo energético de protección que rodea al cuerpo físico.

Canal Rukmini: Apertura en el vacío que se encuentra en la la parte superior del reino etérico, a través de la cual la persona puede trasladarse con conciencia hasta el reino del Alma.

Columnas de Luz: Energía espiritual colocada por el Viajero Místico, los iniciados y ministros del MSIA en un lugar físico o encima de él.

Conciencia Crística: Conciencia universal de Espíritu puro que existe a través del Alma dentro de toda persona. Hay una Conciencia Crística en cada reino.

Conciencia del Viajero Místico: Energía que proviene de los más altos niveles de Luz y Sonido, cuyo mandato espiritual es despertar a las Almas y guiarlas de regreso al corazón de Dios. También se conoce como el Viajero.

Concejo Kármico: Grupo espiritual de adeptos (maestros) que consultan los archivos Akásicos y se reúnen con el ser antes de encarnar, para asistirlo en la planificación de su viaje espiritual.

Corriente del Sonido: Energía audible que fluye desde la fuente de Dios a través de todos los niveles. Mencionada en la Biblia como "el Verbo".

Disertaciones del Conocimiento del Alma: Publicaciones mensuales que ofrecen las enseñanzas del Viajero Místico, escritas por John-Roger y publicadas por el MSIA. Una de las formas por medio de las cuales el Viajero Místico trabaja con las personas. El estudio de ellas es requisito para recibir la iniciación dentro de la Corriente del Sonido.

Ejercicios Espirituales (e.e.'s.): Proceso principal que le permite al Viajero Místico trabajar con un ser en la trascendencia del Alma en los reinos superiores. Técnica activa que permite circunvalar la mente y las emociones por medio del cántico del tono Ani-Hu (anai-jiú), Hu (jiú) o del tono iniciatorio que conecta a la persona con la Corriente del Sonido.

Espejo Cósmico: Espejo que está en la cúspide del vacío que se encuentra en la parte superior del reino etérico, justo por debajo del reino del Alma.

Espíritu: La esencia pura de la creación. Infinito y eterno.

Hu (jiú): Tono que es un antiguo nombre/sonido del Dios Supremo.

Hu-mano: Otra forma de decir "Dios-hombre". Implica que cada ser humano tiene la esencia de Dios en sí mismo (como Alma).

Infierno: Estado de conciencia negativo; no es un lugar ubicado en el mundo físico.

Iniciación: La iniciación en la Corriente del Sonido conecta a la persona a la Corriente del Sonido de Dios, que es la energía espiritual en la cual el hombre regresa al corazón de Dios.

Jehováh: Otro nombre del Señor del Reino Causal. El Dios del Antiguo Testamento.

Jerarquía Espiritual: Las fuerzas espirituales que guían el plano de la Tierra. Trabajan bajo el Logos o el Dios del Planeta.

Kal Niranján: El Señor de la creación negativa. Nombre espiritual del poder de Kal. Véase también "Poder de Kal".

Karma: Responsabilidad que tiene toda persona sobre sus acciones. Causa y efecto. Basado en el concepto de que lo que siembras, lo cosechas.

Libre Albedrío: Utilizado antes de encarnar. Determina el sendero divino kármico para la siguiente vida.

Libre Elección: Ejercida después de encarnar. Refleja cooperación con el sendero divino kármico o evitación del mismo.

Lucifer: Nombre que suele darse al poder de Kal.

Luz: Energía del Espíritu que impregna todos los niveles de conciencia. La Luz espiritual más elevada tiene su origen en el plano del Alma y por sobre éste

Luz Magnética: La Luz de Dios que funciona en los reinos negativos.

Meditación: Proceso por lo general pasivo, que intenta vaciar la mente de todo pensamiento y sentimiento. En el MSIA, se usa en el contexto de una meditación guiada, que es un proceso activo.

Movimiento del Sendero Interno del Alma: Organización cuyo objetivo principal es llevar a un despertar a la trascendencia del Alma. Su fundador y actual consejero espiritual es John-Roger.

Océano de Amor y Misericordia: Sinónimo de Espíritu.

Poder de Kal: El poder del Señor de todos los reinos negativos. Tiene autoridad sobre el Reino Físico.

Programación Positiva: Véase "Reprogramación".

Registros Akásicos: Véase "Archivos Akásicos".

Reinos: Frecuencias vibratorias de existencia.

Reino Astral: El reino por encima del físico. El reino de la imaginación. Se entrelaza con el físico como frecuencia vibratoria.

Reino Causal: El reino por encima del astral. El reino de las emociones, donde se guardan las semillas del karma. Se entrelaza con el físico como frecuencia vibratoria.

Reino del Alma: El primer reino positivo y el verdadero hogar del Alma. El primer nivel donde el Alma toma conciencia de su verdadera naturaleza, de la pureza de su ser y de su unidad esencial con Dios.

Reino Etérico: El reino por encima del reino mental y por debajo del reino del Alma. El vacío y el espejo cósmico se encuentran en la la parte superior del Reino Etérico.

Reino Físico: El reino negativo en donde habita el individuo mientras tiene un cuerpo físico.

Reino Interior: Uno de los varios niveles del Espíritu, aparte del Reino Físico.

Reino Mental: El reino por encima del causal. Se relaciona con la mente. Se entrelaza con el físico como frecuencia vibratoria.

Reinos Negativos: Los cinco reinos inferiores, específicamente el físico, el astral, el causal, el mental y el etérico. Véase también "Reinos Positivos".

Reinos Positivos: El reino del Alma y todos los niveles por encima de éste. Véase también "Reinos Negativos".

Reprogramación: Uno de los servicios ofrecidos por el MSIA. Técnica que asiste a la persona a que haga cambios en sus patrones de conducta habituales, programando respuestas nuevas y deseadas, por medio del trabajo directo con el ser básico y sus niveles de responsabilidad.

San Pedro: Guardián de las puertas, quien verifica si una persona se merece entrar al Reino del Alma. Reside en el Reino Astral. También conocido como Yama, el ángel de la muerte. (No es Pedro, el de la Biblia).

Satanás: Nombre dado a veces al poder de Kal.

Satsang: Estar en presencia de un maestro o guía espiritual que ofrece las enseñanzas del Espíritu. Comunión con el Espíritu a través de la energía espiritual. Puede ocurrir estando en presencia física de tal ser, o en una reunión para presenciar uno de sus seminarios en video, o escucharlo en audio

Seminarios: En el MSIA, son las enseñanzas del Viajero Místico que se ofrecen en conferencias a través del mundo, ya sea en vivo o en grabaciones. (Este material está disponible en CD, DVD y cintas de audio en las comunidades locales y en la sede principal en Los Angeles, California, EE.UU.)

Ser Básico: El más inferior de los tres seres. Tiene la responsabilidad de las funciones del cuerpo físico, mantiene los hábitos y los centros psíquicos, y conserva el cuerpo. También es conocido como el ser inferior.

Ser Consciente: El segundo de los tres seres. El ser que en este momento lee esto y que toma las decisiones conscientes. Llega al mundo como una *tabula rasa* (o pizarrón en blanco).

Ser Superior: El más elevado de los tres seres. El ser que funciona como guardián espiritual, ofreciendo las experiencias que son para el bien mayor de la persona. Tiene conocimiento del destino de vida acordado antes de encarnar y mantiene ese acuerdo divino.

Serie del Alma en Trascendencia (SAT's): CD's o cintas de audio con seminarios de John-Roger para avanzar en el estudio de las enseñanzas del Viajero Místico, puestos a disposición del público por el MSIA. Una de las formas por medio de las cuales el Viajero Místico trabaja con la gente.

Tono de Iniciación: Tono dado al iniciado durante una iniciación en la Corriente del Sonido. El nombre del Señor del reino en el cual la persona ha sido iniciada.

Trascendencia del Alma: Proceso de mover la conciencia fuera del cuerpo físico y del condicionamiento convencional, más allá de los reinos negativos, hasta el reino del Alma.

Vacío: Está ubicado en la parte superior del reino etérico. El espejo cósmico se ubica encima del vacío, justo por debajo del reino del Alma.

Viaje del Alma: Viaje en el Espíritu hacia otros niveles de conciencia. A veces, se conoce como experiencia fuera del cuerpo. Puede hacerse dentro de los propios reinos personales o en los reinos externos.

Velo del Olvido: Proceso por medio del cual no se revela la información sobre el plan divino y existencias anteriores, permitiendo que la persona experimente como nuevas las enseñanzas y las lecciones que se ofrecen, y pueda decidirse por un desarrollo espiritual libremente.

Yama: El ángel de la muerte. Véase también "San Pedro".

YO SOY: Sinónimo de Alma.

Recursos Adicionales Y Materiales De Estudio
Por John-Roger, D.C.E.

Los siguientes libros y materiales pueden servirte de apoyo para aprender con mayor profundidad sobre las ideas presentadas en este libro. Si deseas adquirirlos, ponte en contacto con el MSIA llamando al 1-800-899-2665 (EE.UU.) o envía un correo electrónico a pedidos@msia.org. Puedes visitar también nuestra Tienda En Línea en www.msia.org.

LIBROS

PERDONAR: LA LLAVE DEL REINO

El perdón es el factor clave en la liberación personal y el progreso espiritual. Este libro ofrece comprensiones profundas acerca del perdón, la alegría y la libertad que se alcanzan cuando se lo practica sistemáticamente. La ocupación de Dios es el perdón. Este libro nos anima a llevarlo a la práctica, y nos entrega herramientas para que su ejercicio se convierta también en nuestra ocupación.

MOMENTUM: DEJAR QUE EL AMOR GUÍE-PRÁCTICAS SIMPLES PARA LA VIDA ESPIRITUAL (con Paul Kaye, D.C.E)

Por mucho que queramos tener resueltas las áreas importantes de nuestra vida (relaciones, salud, finanzas y profesión) y que ellas se armonicen entre sí, en la mayoría de nosotros siempre hay algo fuera de equilibrio, lo que suele ocasionarnos estrés y angustia. En lugar de resistirnos a ese estado o de lamentarnos por encontrarnos en él, este libro nos demuestra que el desequilibrio contiene sabiduría en sí mismo. Donde hay desequilibrio, hay movimiento, y ese movimiento "crea una vida dinámica e interesante, llena de oportunidades de aprendizaje, creatividad y crecimiento".

Se puede comprobar que en aquellas áreas en que experimentamos la mayor parte de nuestros problemas y desafíos es donde también se produce el mayor movimiento y donde existen las mayores oportunidades de cambio.

Este libro afirma que no hay que hacer esfuerzos para que la vida funcione porque la vida ya funciona. La clave fundamental es llenarla de amor. Además explica cómo ser amorosos en el momento presente. Es un curso sobre el amor.

EL DESCANSO PLENO—ENCONTRANDO REPOSO EN EL BIENAMADO (con Paul Kaye, D.C.E.)

¿Qué sucedería si descubrieras que el descanso no es tanto una actividad como una actitud, y que puedes disfrutar de todos los beneficios internos y externos que aporta el descanso en tu vida cotidiana, sin importar lo ocupado que estés? He aquí las buenas noticias: eso es verdad y de hecho factible. Si alguna vez has pensado que un buen descanso te vendría bien, este libro es ideal para ti. Ahora mismo, y para el resto de tu vida.

¿CUÁNDO REGRESAS A CASA? UNA GUÍA PERSONAL PARA LA TRASCENDENCIA DEL ALMA (con Pauli Sanderson, D.C.E.)

Relato profundo sobre el despertar espiritual, que contiene todos los ingredientes de una narrativa de aventuras. ¿Cómo adquirió John-Roger la conciencia que verdaderamente representa él? John-Roger encara la vida como un científico en un laboratorio, descubriendo maneras de integrar lo sagrado con lo mundano, lo práctico con lo místico, y explicando lo que funciona y lo que no lo hace. Junto a relatos fascinantes, en este libro puedes encontrar muchas claves prácticas que te ayudarán a mejorar tu vida, a sintonizarte con la fuente de sabiduría que está presente en ti todo el tiempo, y a conseguir que cada día te impulse con mayor fuerza en tu emocionante aventura de regreso a casa.

¿CÓMO SE SIENTE SER TÚ?
VIVIR LA VIDA COMO TU SER VERDADERO (con Paul Kaye, D.C.E.)

"¿Qué pasaría si dejaras de hacer lo que piensas que deberías estar haciendo y comenzaras a ser quien eres?". Continuación del libro, "Momentum: Dejar que el Amor Guíe", este libro ofrece ejercicios, meditaciones y explicaciones que te permitirán profundizar y explorar tu verdadera identidad. Viene con un CD inédito: "Meditación para el Alineamiento con el Verdadero Ser".

EL GUERRERO ESPIRITUAL: EL ARTE DE VIVIR CON ESPIRITUALIDAD

Lleno de sabiduría, sentido del humor, sentido común y herramientas prácticas para la vida espiritual, este libro ofrece consejos útiles para tomar nuestra vida en nuestras manos y lograr una mejor salud, mayor felicidad, abundancia y amor en ella. Convertirse en un guerrero espiritual no tiene nada que ver con la violencia. Hacerlo implica usar las cualidades positivas del guerrero espiritual: intención, implacabilidad e impecabilidad, para contrarrestar los hábitos negativos y las relaciones destructivas, especialmente cuando uno se enfrenta a adversidades mayores.

EL TAO DEL ESPÍRITU

Colección de escritos diseñados con hermosura, este libro tiene un objetivo: liberarte de las distracciones del mundo exterior y guiarte de regreso hacia la quietud en ti. "El Tao del Espíritu" puede brindarte frases de inspiración diaria y proporcionarte una manera nueva de manejar el estrés y la frustración. ¡Qué maravillosa manera de empezar o terminar el día!, recordando dejar ir los problemas cotidianos y siendo revitalizado en la fuente misma del centro de tu existencia. Muchas personas utilizan este libro cuando se preparan para meditar u orar.

MUNDOS INTERNOS DE LA MEDITACIÓN

En esta guía de autoayuda para la meditación, las prácticas de meditación se transforman en recursos valiosos y prácticos para explorar los reinos espirituales y enfrentar la vida cotidiana con mayor efectividad. Se incluye una variedad de meditaciones que sirven para expandir la conciencia espiritual, lograr una mayor relajación, equilibrar las emociones e incrementar la energía física.

AMANDO CADA DÍA PARA LOS QUE HACEN LA PAZ

¿Lograr la paz? ¡Qué idea tan noble y a la vez tan esquiva! La paz entre las naciones se construye sobre la base de la paz entre las personas, y la paz entre las personas depende de la paz en cada uno. Haciendo de la paz algo más que una simple teoría o idea, "Amando Cada Día para los que Hacen la Paz" guía a sus lectores a que lleguen a sus propias soluciones y puedan experimentar la paz.

PROTECCIÓN PSÍQUICA

En este libro, John-Roger describe algunos de los niveles invisibles: el poder de los pensamientos, el inconsciente, las energías elementales y la magia. Y más importante que eso, explica cómo protegerse de la negatividad que puede ser parte de esos niveles. Poniendo en práctica las técnicas simples propuestas en este libro, podrás crear una sensación de bienestar profundo dentro de ti y en tu entorno.

SABIDURÍA SIN TIEMPO

Este libro habla de verdades imperecederas, como por ejemplo, que todas las cosas provienen de Dios. Nos dice: "El mensaje de Dios es uno sólo, a pesar de haber sido dicho y expresado de muchas maneras". Ese mensaje único explica que todo lo existente proviene de Dios, que todo existe porque Dios existe.

Saberlo aumenta nuestra sensación de confianza: Dios es multidimensional, está en todas partes, en todas las cosas y en todos los niveles de conciencia.

EL SEXO, EL ESPÍRITU Y TÚ

El título de por sí resulta irresistible. En el mercado no existe ningún otro libro que integre conceptos tales como "sexualidad" y "espiritualidad" de una manera tan natural como lo hace John-Roger.

LA FUENTE DE TU PODER

Los medios para crear todo lo que quieres están a tu alcance, ya que tus mayores recursos y herramientas están en tu interior. Descubre la manera de utilizar positivamente tu mente y el poder que tienen la mente consciente, subconsciente e inconsciente.

SERVIR Y DAR: PORTALES A LA CONCIENCIA SUPERIOR (con Paul Kaye, D.C.E.)

Este es el momento perfecto para encontrarse con este libro. Enfrentados como estamos a desafíos económicos y cambios profundos que afectan al mundo entero, en él hallamos oportunidades nuevas de dar y hacer servicio, tanto a nosotros mismos como a los demás. Un libro para devorárselo, lleno de una sabiduría que podemos contemplar y que nos hace reflexionar, Servir y Dar: Portales a la Conciencia

Superior nos invita a considerar ese llamado tan importante y especial que nos lleva a engrosar la lista de aquellos que se comprometen con el servicio y la entrega a los demás. Y que además nos explica cómo hacerlo.

Disertaciones Del Conocimiento Del Alma
Un Curso Sobre La Trascendencia Del Alma

Las Disertaciones del Conocimiento del Alma tienen como propósito enseñar la Trascendencia del Alma, que es tomar conciencia de que somos un Alma y uno con Dios, no en teoría sino como una realidad viviente. Están dirigidas a personas que necesitan un enfoque sistemático en su desarrollo espiritual, y que perdure en el tiempo.

Las Disertaciones del Conocimiento del Alma son un conjunto de doce cuadernillos, que se estudian y contemplan de a uno por mes. A medida que vas leyendo cada una de las Disertaciones, la conciencia de tu esencia divina puede activarse, profundizando tu relación con Dios.

Espirituales en esencia, las Disertaciones son compatibles con cualquier creencia religiosa. De hecho, la mayoría de sus lectores considera que las Disertaciones apoyan su experiencia del sendero, filosofía o religión que hayan elegido seguir. En palabras simples, las Disertaciones tratan sobre verdades eternas y hablan de la sabiduría del corazón.

El primer año de Disertaciones aborda temas que van desde la creación del éxito en el mundo hasta el trabajo de la mano con el Espíritu.

El juego de doce Disertaciones para un año tiene un valor de US$100 (cien dólares). El MSIA está ofreciendo el primer año de Disertaciones a un precio de introducción de US$50 (cincuenta dólares). Las Disertaciones vienen con una garantía de devolución de dinero sin cuestionamientos. Si en algún momento decides que estos estudios no son para ti, simplemente las devuelves y recibirás el reembolso completo de tu dinero.

Para ordenar las Disertaciones del Conocimiento del Alma ponte en contacto con el Movimiento del Sendero Interno del Alma, llamando al 1-800-899-2665 (EE.UU.). También puedes enviar un correo electrónico a pedidos@msia.org o visitar nuestra Tienda en Línea en nuestro sitio web *www.msia.org*

Material En Audio

LA MEDITACIÓN DE LUXOR

Esta meditación fue grabada en el antiguo Templo de Luxor (Egipto). Tiene como propósito expandir tu conciencia hacia las dimensiones espirituales internas. Deja que las vibraciones sagradas resuenen dentro de ti para que creen equilibrio, sanación, armonía y paz.

NUESTRA CANCIÓN DE AMOR Y EL CÁNTICO DEL ANAI-JIÚ

Este CD te ayudará a familiarizarte con un mantra del nombre de Dios, precedido de una plegaria de John-Roger, llamada "Nuestra Canción de Amor". Contiene, además, el cántico del Ani-Hu (anai-jiú), entonado por estudiantes del MSIA.

LA MEDITACIÓN DEL EQUILIBRIO CORPORAL

Éste es el único cuerpo que tendrás en esta vida. A través del proceso de reprogramación que se ofrece aquí, puedes alcanzar un peso equilibrado y lograr buena salud en todos los niveles.

LA MEDITACIÓN DE LA ABUNDANCIA

Practiquemos la abundancia de Dios. John-Roger nos explica de qué manera podemos crear una actitud de abundancia y éxito en nuestra conciencia, superando aquella de carencia y de fracaso.

MUNDOS INTERNOS DE LA MEDITACIÓN

Discos 1, 2 y 3

Meditaciones guiadas por los Viajeros, cuyo objetivo es alcanzar una paz más profunda y un bienestar mayor, expandiendo nuestra conciencia espiritual.

**Para contactarte con el
Movimiento del Sendero Interno del Alma:**

MSIA

3500 West Adams Blvd.

Los Angeles, CA 90018 EE.UU.

Teléfono: 1-323-737-4055 (EE.UU.)

E-mail: pedidos@msia.org

www.msia.org

SOBRE EL AUTOR
John-Roger, D.C.E.[1]

Maestro y conferencista de talla internacional, John-Roger es una inspiración en la vida de muchas personas alrededor del mundo. Durante más de cuatro décadas, su sabiduría, su sentido del humor, su sentido común y su amor han ayudado a cientos de personas a descubrir el Espíritu en ellas mismas, y a encontrar salud, paz y prosperidad en sus vidas.

Con dos libros, escritos en colaboración, que alcanzaron el primer lugar en la lista de libros más vendidos del *New York Times*, y con más de tres decenas de libros de espiritualidad y auto-superación propios, John-Roger ofrece un conocimiento extraordinario en una amplia gama de temas. Fundador del Movimiento del Sendero Interno del Alma (MSIA), movimiento que se enfoca en la Trascendencia del Alma, es también fundador y Canciller de la Universidad de Santa Mónica, fundador y Presidente del Peace Theological Seminary and College of Philosophy, fundador y presidente de los Seminarios Insight y fundador y Presidente del Instituto por la Paz Individual y Mundial (IIWP).

John-Roger ha dado más de seis mil conferencias y seminarios en todo el mundo, muchos de los cuales se transmiten a nivel nacional en los Estados Unidos, en su programa de televisión por cable, "That Which Is", a través de Network of Wisdoms. Ha aparecido en numerosos programas de radio y televisión y ha sido invitado estelar en el programa "Larry King Live".

Educador y ministro de profesión, John-Roger continúa transformando vidas y educando a las personas en la sabiduría del corazón espiritual.

Para más información sobre John-Roger, visita el sitio web www.john-roger.org

---

[1] Doctor en Ciencia Espiritual, programa de postgrado ofrecido por el Peace Theological Seminary and College of Philosophy, www.pts.org.

Para entrevistas y conferencias con el autor,

ponerse en contacto con Angel Harper en:

Mandeville Press

3500 West Adams Blvd.

Los Angeles, CA 90018, EE.UU.

(323) 737-4055

angel@mandevillepress.org

Envía tus comentarios o sugerencias a:

Mandeville Press

P.O. Box 513935

Los Angeles, CA 90051-1935 EE.UU.

(323) 737-4055

jrbooks@mandevillepress.org

www.mandevillepress.org

www.ingramcontent.com/pod-product-compliance
Lightning Source LLC
Chambersburg PA
CBHW032357040426
42451CB00006B/45